Abordagem à família no contexto do Conselho Tutelar

CIP - Brasil. Catalogação na Publicação
Sindicato Nacional dos Editores de Livros, RJ

A136

Abordagem à família no contexto do Conselho Tutelar / organização Liana Fortunato Costa, Maria Aparecida Penso, Maria Inês Gandolfo Conceição. - 1. ed. - São Paulo: Ágora, 2014.

ISBN 978-85-7183-142-1

1. Crianças - Assistência em instituições - Brasil. 2. Adolescentes - Assistência em instituições - Brasil. 3. Assistência a menores - Política governamental - Brasil. 4. Crianças - Serviços para - Brasil. 5. Crianças - Brasil - Condições sociais. 6. Política social. I. Costa, Liana Fortunato. II. Penso, Maria Aparecida. III. Conceição, Maria Inês Gandolfo.

13-08032 CDD-150.198
CDU: 364:343.817

www.editoraagora.com.br

Compre em lugar de fotocopiar.
Cada real que você dá por um livro recompensa seus autores
e os convida a produzir mais sobre o tema;
incentiva seus editores a encomendar, traduzir e publicar
outras obras sobre o assunto;
e paga aos livreiros por estocar e levar até você livros
para a sua informação e o seu entretenimento.
Cada real que você dá pela fotocópia não autorizada de um livro
financia o crime
e ajuda a matar a produção intelectual de seu país.

Abordagem à família no contexto do Conselho Tutelar

LIANA FORTUNATO COSTA
MARIA APARECIDA PENSO
MARIA INÊS GANDOLFO CONCEIÇÃO
(ORGS.)

EDITORA
ÁGORA

ABORDAGEM À FAMÍLIA NO CONTEXTO DO CONSELHO TUTELAR
Copyright © 2014 by autores
Direitos desta edição reservados por Summus Editorial

Editora executiva: **Soraia Bini Cury**
Editora assistente: **Salete Del Guerra**
Projeto gráfico e diagramação: **Crayon Editorial**
Capa: **Alberto Mateus**
Impressão: **Sumago Gráfica Editorial**

Editora Ágora

Departamento editorial
Rua Itapicuru, 613 – 7º andar
05006-000 – São Paulo – SP
Fone: (11) 3872-3322
Fax: (11) 3872-7476
http://www.editoraagora.com.br
e-mail: agora@editoraagora.com.br

Atendimento ao consumidor
Summus Editorial
Fone: (11) 3865-9890

Vendas por atacado
Fone: (11) 3873-8638
Fax: (11) 3873-7085
e-mail: vendas@summus.com.br

Impresso no Brasil

Sumário

PREFÁCIO 7
Anderson Pereira de Andrade

1 CONCEITOS DE INFÂNCIA E LEIS QUE PROTEGEM
CRIANÇAS E ADOLESCENTES 11
Rosa Maria Stefanini Macedo e Sheila Regina Camargo Martins

2 BREVES FUNDAMENTOS JURÍDICOS PARA
A ATUAÇÃO DO CONSELHO TUTELAR 25
Pedro Oto de Quadros

3 O ESTATUTO DA CRIANÇA E DO ADOLESCENTE E AS
ATRIBUIÇÕES DO CONSELHO TUTELAR DIANTE DAS FAMÍLIAS 41
Maria Inês Gandolfo Conceição e Maria Aparecida Penso

4 A COMPREENSÃO DA FAMÍLIA COMO SISTEMA 49
Liana Fortunato Costa e Maria Aparecida Penso

5 NOSSA FAMÍLIA E A FAMÍLIA DOS OUTROS 61
Ceneide Maria de Oliveira Cerveny e Sonia Maria Oliveira

6 DIFERENTES OLHARES PARA A FAMÍLIA
DE CRIANÇAS E ADOLESCENTES 71
Sheila Regina de Camargo Martins

7 CONSELHO TUTELAR E INTERVENÇÃO DE REDE:
ESTRATÉGIA DE AÇÃO... 83
Jéssica Helena Vaz Malaquias

8 A PARTICIPAÇÃO DO CONSELHO TUTELAR
NA ABORDAGEM ÀS FAMÍLIAS..................................... 95
Marlene Magnabosco Marra

9 A ESCUTA E A REDE DE APOIO À FAMÍLIA
EM SITUAÇÃO DE VIOLÊNCIA.................................. 109
Carmem Leontina Ojeda Ocampo Moré

10 A RELAÇÃO COM OUTROS SETORES DA REDE
DE ATENDIMENTO À INFÂNCIA E À JUVENTUDE.................. 121
Mariana Lugli e Rosa Maria Stefanini de Macedo

11 A ESCOLA E A PROTEÇÃO DE CRIANÇAS E ADOLESCENTES
EM SITUAÇÃO DE VIOLÊNCIA INTRAFAMILIAR.................... 137
Alciane Barbosa Macedo Pereira e Maria Inês Gandolfo Conceição

12 A IMPORTÂNCIA DA VISITA DOMICILIAR PARA A MANUTENÇÃO
DOS DIREITOS DA INFÂNCIA E DA ADOLESCÊNCIA............... 145
Rosa Maria Stefanini Macedo

13 DESAFIOS PARA OS CONSELHOS TUTELARES:
ACOMPANHAR OS CASOS E ARTICULAR REDES 155
Maria Aparecida Penso

14 ESTUDO DE CASOS 161
Liana Fortunato Costa, Maria Aparecida Penso e Maria Inês Gandolfo Conceição

Prefácio

FOI COM GRANDE ALEGRIA e muita honra que aceitei o convite para prefaciar este livro. Trata-se de obra fundamental que vem preencher uma lacuna na bibliografia brasileira no que se refere ao tema da proteção da infância e da juventude e à atuação do conselho tutelar. Não há dúvidas sobre o papel protagonista exercido pelo conselheiro tutelar na defesa da infância e da juventude nem sobre as dificuldades encontradas para o exercício dessa importante função pública. Porém, uma rápida pesquisa bibliográfica nos mostra que quase nada há publicado acerca de diretrizes para a atuação desse importante órgão criado pelo Estatuto da Criança e do Adolescente há mais de 20 anos.

Concebido para estar à frente da política de atendimento à criança e ao adolescente, o Conselho Tutelar materializa postulados da *democracia participativa*. O legislador – e deve-se recordar que o legislador do Estatuto da Criança e do Adolescente é o mesmo que discutiu, votou e aprovou a Constituição Federal de 1988 –, ao entregar aos representantes da comunidade importantes cometidos de orientação, apoio e garantia de direitos das crianças, adolescentes e suas famílias, assegurou a inserção dela no labor de atenção a um grupo social cujos direitos historicamente vêm sendo violados. O Conselho Tutelar é uma instituição inédita no ordenamento jurídico brasileiro, dotada de autonomia e perenidade, criada para substituir o vetusto juiz de menores – onipotente durante aproximadamente 70 anos em nosso país – nas decisões acerca dos temas ligados à infância e à adolescência, na fiscalização e no fomento das políticas públicas, na intervenção familiar, na esfera da fiscalização de entidades de atendimento, de acolhimento ou socioeducativas, e no combate ao trabalho precoce.

No âmbito internacional, pode-se traçar um paralelo entre o Conselho Tutelar e o Children's Panel escocês, criado pela Lei de Serviço Social escocesa de 1968 e mantido pela Lei de Proteção da Infância de 2011 daquele país do norte da Europa. Esse colegiado, formado por três cidadãos, que livremente se apresentam e preparam-se para compô-lo, tem atribuições semelhantes às de nosso Conselho Tutelar e outras, no âmbito das transgressões penais, naquelas ofensas de menor potencial. Essas duas instituições são vertebradas pelo desejo do legislador de manter as decisões acerca do destino da criança e do adolescente no seio da sociedade, da comunidade e da família onde estão insertos.

Buscar a atuação ótima do Conselho Tutelar – proposta última desta obra – é pressupor a existência de uma rede de garantia dos direitos da criança e do adolescente instalada, bem equipada e atuante. Como indutores da garantia dos direitos e dos interesses das crianças e dos adolescentes, os conselheiros tutelares dependem dessas políticas públicas para obter resultados do seu trabalho. Assim, sistemas de ensino, de saúde e de assistência social, principalmente, integrados e azeitados condicionam a eficácia da intervenção do Conselho Tutelar. Infelizmente não é isso que se vê no nosso país, seja nos rincões longínquos, nos arrabaldes das grandes cidades ou até mesmo no centro destas. Serviços públicos precários, em especial nessas três áreas, geralmente implicam uma atuação frustrante do Conselho Tutelar. Porém, como adverte mais de uma das autoras, isso não pode transformar-se em justificativa para que o conselheiro tutelar resigne-se a realizar apenas os "encaminhamentos", cuja eficácia se vê prejudicada pela falta de concreta e direta participação do agente tutelar no deslinde e na solução da demanda que lhe é apresentada.

Há de se ter claro, desde logo, que a atuação do Conselho Tutelar na garantia de direitos fundamentais da criança e do adolescente não terá efetividade se este não puder atuar no fortalecimento das famílias, sobretudo das famílias vulneráveis, definidas aqui como aquelas carentes de instrução, de informações e de acesso a bens e a serviços e, ainda, aquelas em que a violência pode se fazer presente – ou seja, qualquer família brasileira, de qualquer classe social. A obra, assim, se constitui em valiosa bússola a guiar a andadura do conselheiro tutelar, que, mesmo submetido a certames de ingresso e cursos de formação, pode se ver em dúvida no momento de realizar uma entrevista, concretizar uma visita domiciliar ou fazer uma abordagem de rua.

É um privilégio trabalhar, como temos trabalhado já há alguns anos, com as professoras Liana Fortunato Costa e Maria Aparecida Penso. Desde o começo da década passada, com a implantação do Projeto Fênix – pioneira iniciativa de um grupo de professoras e pesquisadoras do Departamento de Psicologia da Universidade de Brasília, em parceria com a Vara da Infância e da Juventude do Distrito Federal e com a Promotoria de Justiça de Defesa da Infância e da Juventude do DF –, dezenas de frutos, representados por intervenções de sucesso com crianças, adolescentes e suas famílias, e valiosas dissertações de mestrado e teses de doutorado vêm brindando a comunidade científica do Distrito Federal e do Brasil com acuradas análises empíricas acerca da criança, do adolescente e da família em sua pluralidade e de modo contextualizado. Esses frutos, sem a menor dúvida, têm ajudado as três esferas de poder da República a direcionar e calibrar as políticas públicas dirigidas à infância, à juventude e às famílias. O reconhecimento da relevância da família, como referência socioafetiva central para a constituição dos sujeitos da nossa sociedade, que se quer democrática e plural, sublinhado e realçado por todos os autores e seus grupos de pesquisa, é condição de civilidade que, enquanto não assumida por todos os agentes públicos deste país como prioridade absoluta – inscrita no artigo 227 da Constituição Federal –, nos manterá em débito com as crianças e os adolescentes brasileiros. Esta obra é mais uma prova da entrega, do comprometimento e do rigor que os autores dedicam ao seu mister, o que não os impede, muito pelo contrário, de compartilhar simpatia, humanidade e compromisso social por onde quer que exerçam o seu ofício.

Longe de servir apenas aos Conselhos Tutelares ou aos seus conselheiros, o livro que o leitor tem em mãos será útil para os profissionais das áreas de saúde, educação, assistência social, segurança pública, bem como para todo aquele que deseja se acercar com propriedade dos temas atinentes à proteção e à garantia de direitos fundamentais da criança e do adolescente. Somente no dia em que, como povo e nação, nos convencermos de que o investimento na criança, no adolescente e na família não são gastos; somente no dia em que, como povo e nação, nos convencermos de que a prevenção primária, representada pela garantia dos direitos fundamentais, deve ser priorizada em detrimento da aplicação das medidas de proteção ou socioeducativas, que buscam a regeneração de algo já rompido; somente no dia em que, como povo e nação, nos convencermos de que há de se dar à criança e ao adolescente as condições materiais mínimas para a concretização de um patamar de igualdade na partida para o desenvolvimento de seus projetos de vida, e à família condições de sustentar esse patamar, é que poderemos dizer que vivemos em uma sociedade verdadeiramente democrática, ocasião em que o trabalho do Conselho Tutelar será valorizado como um dos mais importantes cometidos que um agente público jamais recebeu. Mãos à obra, pois, na defesa e na garantia desses direitos.

ANDERSON PEREIRA DE ANDRADE
Promotor de Justiça Cível e de Defesa dos Direitos
Individuais Difusos e Coletivos da Infância
e da Juventude no Distrito Federal (MPDFT)

1 Conceitos de infância e leis que protegem crianças e adolescentes

Rosa Maria Stefanini Macedo
Sheila Regina Camargo Martins

O CONCEITO DE INFÂNCIA

O CONCEITO DE INFÂNCIA que conhecemos hoje, como um período de crescimento da criança com características próprias e diferentes dos adultos, apareceu na história por volta do século XVII. Até então, as crianças eram consideradas miniaturas de adultos, ou seja, adultos pequenos. As crianças participavam da vida dos adultos em todas as situações, no modo de se vestir, nos espaços dentro da casa, nas brincadeiras e festas fora de casa. Entre os nobres, era hábito levar mestres para educar as crianças nos castelos, ensinar-lhes artes e boas maneiras; entre os artesãos, era costume trocar os filhos de casa para que eles aprendessem com outro artesão, e não com o pai, o ofício desejado, assim aprendiam também a se comportar. Já os filhos de camponeses iam com os pais para o campo desde pequenos, assim que tivessem condições de ajudar no trabalho.

Por influência da Igreja e dos moralistas no século XVII, passou-se a defender a ideia de que a criança era diferente do adulto em suas capacidades e no modo de entender os fatos, em virtude de sua menor compreensão e falta de malícia. A partir daí, a maneira como as crianças eram vistas começou a se transformar, embora nas escolas ainda não houvesse separação por idade. A escola como conhecemos hoje, com classes de diferentes níveis e de acordo com a idade, só se esboçou no final do século XVIII, firmando-se a partir do século XIX. Criaram-se atividades segundo uma série de características específicas apontadas para cada idade, para que, por meio delas, as crianças tivessem oportunidade de desenvolver suas capacidades criativas, motoras, sociais. Houve, a partir de então, valorização do brincar como meio para o desenvolvimento de suas habilidades e preparação para a vida adulta, com as responsabilidades que dela fazem parte. Importante salientar que esse tratamento especial dado à infância foi assumido principalmente pela elite, as classes sociais abastadas. Para o povo, a educação escolar era inferior, mais curta e mais prática. No século XIX, com a industrialização, aumentou a pressão para que as crianças trabalhassem. Como consequência houve uma regressão, sobretudo quanto à condição especial de continuar a ser considerada criança depois dos 10 anos de idade. Portanto, o conceito que envolve as diversas competências próprias a cada idade foi influenciado pelas diferenças do tratamento escolar dado às crianças da elite e às do povo.

O reconhecimento da adolescência como época da vida em que o jovem ainda não possui todas as características adultas, também devendo receber, portanto, um tratamento especial de proteção da sociedade, só surgiu com as mudanças das leis trabalhistas. Portanto, é muito recente o fato de aceitar o trabalho na condição de menor aos 14 anos, a responsabilidade civil aos 18 anos e a maioridade aos 21, quando então uma pessoa se torna adulta (de acordo com a lei brasileira).

HISTÓRIA DA INFÂNCIA

APESAR DE AS CONCEPÇÕES de infância e adolescência terem se transformado com o tempo em nossa sociedade ocidental, as crianças pobres e as da elite sempre tiveram vidas muito diferentes. Na história da infância no Brasil, desde o período colonial até o atual, as crianças pobres sempre ficaram sujeitas à violência, ao preconceito, à exploração e ao abandono. No Brasil, os órfãos,

ABORDAGEM À FAMÍLIA NO CONTEXTO DO CONSELHO TUTELAR

desvalidos e abandonados foram institucionalizados desde o período colonial, inicialmente em entidades religiosas e depois em reformatórios, com intenção educacional. Nesse período, a autoridade era exercida pelo dono do engenho, da mineração, enfim, pelo senhor. O sistema patriarcal garantia o direito do pai de ditar normas e regras coerentes com a tradição católica, e de aplicar castigos físicos para a educação das crianças. Era costume utilizar a palmatória e a vara de marmelo. No caso da disciplina, as crianças de famílias ricas eram submetidas aos mesmos métodos a que eram submetidos os animais e escravos com quem brincavam.

A família patriarcal era constituída pelos pais, filhos, agregados, escravos, enfim, por todas as pessoas que dependiam do proprietário (senhor) que detinha grande poder na sociedade e na política. As crianças pobres foram alvo de cuidados dos jesuítas, que tinham também a missão de converter os jovens índios. Com a expulsão dos jesuítas do Brasil, os escravos negros substituíram a exploração de mão de obra indígena. Os proprietários dos escravos e de seus filhos evitavam que as famílias negras permanecessem juntas, razão pela qual os filhos ilegítimos, especialmente fruto das relações dos senhores com índias e escravas negras, eram discriminados e entregues nas Rodas dos Expostos ou atendidos por instituições religiosas como as Santas Casas de Misericórdia, que abrigavam doentes, órfãos e desprovidos.

Criadas em 1543, as Rodas dos Expostos eram cilindros de madeira rotatórios embutidos nos muros das construções nos quais eram "depositadas" as crianças indesejadas com garantia do anonimato dos expositores. Outro costume nessa época foi a adoção, ainda que informal, das crianças não desejadas por famílias substitutas que as acolhiam: os chamados "filhos de criação".

As famílias patriarcais detentoras de poder econômico e social assumiam os hábitos ditados pelos médicos higienistas – estes atribuíam, às famílias que apresentavam organização diversa do modelo prevalente de pai, mãe e filhos, julgamento de valor traduzido por adjetivos como "família desestruturada" ou "problemática".

Entre os séculos XVII e XVIII, com a valorização da infância e da família, o Estado e os médicos passaram a normatizar a vida das famílias, com a justificativa de combater os elevados índices de mortalidade infantil. Estipularam regras sobre os cuidados e métodos de educação que deveriam ser aplicados às crianças, entre eles a internação de crianças abandonadas em hospícios, a reprovação do cuidado pelas amas de leite e o estabelecimento de métodos de educação pelas famílias ricas que passaram também a ser escolarizadas.

Durante o Império, os filhos ilegítimos também foram atendidos por entidades e ações caritativas e religiosas. As famílias pobres, especialmente aquelas que não seguiam a configuração nuclear padrão e não tinham trabalho regular, foram consideradas imorais e sem hábitos higiênicos, razões que justificavam a pressão da sociedade rica sobre o Estado para que as vigiasse constantemente. A institucionalização dessas crianças atendia aos objetivos de protegê-las de suas famílias e de proteger a sociedade dos riscos potenciais de suas supostas tendências criminais.

No século XIX, a elite e os poderes políticos apoiaram mais do que nunca a função da medicina para ditar regras sobre os comportamentos saudáveis da população. O objetivo inicial de domínio das epidemias que assolavam as cidades foi ampliado para a orientação sobre métodos repressivos de controle e disciplina das crianças e dos jovens, impondo hábitos e costumes que deveriam ser seguidos tanto pelas escolas quanto pelas famílias. Na elite, a afeição entre os cônjuges e para com os filhos começou a ser muito valorizada. A mulher passou a ser vista como a rainha do lar, responsável pela educação dos filhos, e o amor materno foi naturalizado, isto é, concebido como vocação biológica para a maternidade. Ao pai, hierarquicamente superior a todos (mulher e filhos), cabia a obrigação de manter financeiramente o lar, que foi sendo cada vez mais definido como um espaço privado.

A PROTEÇÃO À INFÂNCIA

Em 1899, o médico Arthur Moncorvo Filho fundou o Instituto de Proteção e Assistência à Infância, no Rio de Janeiro, com a participação de médicos e de senhoras representantes da elite, denominadas "Damas de Assistência à Infância". A fundação desse órgão se justificava pelas necessidades de orientar as mães sobre os cuidados básicos de higiene, regular as amas de leite, verificar as condições de vida das crianças pobres e protegê-las contra o abuso e a negligência. Os atendimentos às crianças eram realizados quase totalmente pelas entidades privadas, mas a atuação do Estado foi cada vez mais exigida pela sociedade. As crianças e os adolescentes de famílias pobres que perambulavam pelas ruas eram vistos pela medicina como insanos e vadios. Foram criados então os manicômios, que funcionavam como casas de correção destinadas ao controle e à disciplina, por meio do trabalho, dos menores "em situação irregular". A idade mínima de 12 anos para o jovem trabalhar foi estabelecida pela legislação apenas em 1891.

O comportamento criminoso – ou mesmo o risco de tal comportamento – era atribuído aos jovens de classes baixas, que, segundo a noção de periculosidade introduzida então, sofreriam de "defeitos profundos" ou falta de cuidados dos pais; interpretação que delineou basicamente a ciência médica da época e a higiene mental, atribuindo causas individuais a comportamentos insertos em um contexto de profundas e estruturais desigualdades sociais. Na base de tais concepções encontra-se a noção de "raças" brancas superiores e mestiças ou diversas, inferiores e de degenerados.

Com o advento da República (final de 1900 a 1930), o Estado precisou assumir a "assistência e proteção aos menores", devido à grande pressão de médicos higienistas, famílias abastadas e políticos. A filantropia, em especial religiosa, é lentamente substituída pela justificativa da necessidade de assistência

LIANA FORTUNATO COSTA, MARIA APARECIDA PENSO
E MARIA INÊS GANDOLFO CONCEIÇÃO (ORGS.)

de cunho mais "científico", que se revestia de ações de vigilância e controle como prevenção de epidemias sociais. A justiça cuidava dos "menores delinquentes" ou em "situação de risco para delinquência" por meio de intervenções coercitivas em instituições de acolhimento. A assistência às famílias pobres, nesse período, mantinha forte controle sobre hábitos e rotinas, assim como sobre toda a vida das famílias, visando a orientação e cuidados de saúde. A criação das creches, no final do século XIX, destinou-se a atender os filhos das mães julgadas "boas" e trabalhadoras. A separação entre espaço público e privado foi cada vez mais evidenciada nesse período, e as mulheres e crianças isolaram-se ainda mais.

O século XX mudou o discurso de amparo aos desvalidos, de conotação religiosa e caritativa, para a necessidade de defesa e proteção das famílias vistas como irregulares. Na prática, as ações, ainda filantrópicas, assumiam o dever do Estado-Nação de preservação da força de trabalho que deveria ser protegida, uma vez que seria o futuro do país. Mas as crianças pobres continuaram a ser exploradas, forçadas e castigadas nas fábricas. Entre 1906 e 1927, persistiu a estigmatização da criança pobre. A criação do Código de Menores, em 1927, autorizou os juízes a decidir sobre as medidas coercitivas e disciplinadoras que deveriam ser aplicadas a todos os jovens considerados em situação irregular. O Juizado de Menores destinava-se a proteger e defender os "menores abandonados e delinquentes", e decidia também sobre a perda ou suspensão do pátrio poder e a questão da tutela. O termo "menor", do Código de Menores, assumiu ao longo do tempo conotação negativa, pois designava o estado de abandono como delinquência, desvio e vício. O Código proibiu o sistema das Rodas dos Enjeitados.

O Laboratório de Biologia Infantil ligado ao Juizado de Menores foi instalado em 1936 com a finalidade de proceder a exames de jovens considerados problemáticos que precisavam de assistência e/ou institucionalização, e auxiliar o sistema judiciário nas análises de cada situação. Apesar de realizados por especialistas, esses exames colaboraram para que a assistência a crianças e jovens continuasse atribuindo as causas dos desvios de conduta como a delinquência à "vadiagem" e às "famílias pobres desestruturadas ou desagregadas". Estas deveriam, então, receber tratamento moral e social. O termo "estrutura familiar" passou, assim, a "explicar" traços de personalidade.

Na vigência do Estado Novo (1930-1945), o governo federal criou o Departamento Nacional da Criança, no Ministério da Educação e Saúde Pública. O Serviço de Assistência ao Menor (SAM), criado em 1942 como órgão do Ministério da Justiça, destinou-se à assistência aos filhos de famílias "despreparadas, incapazes ou inexistentes". Nesse período, foram criados os reformatórios no sistema de abrigos. Eram entidades assistencialistas, muitas ligadas à figura das primeiras-damas, como a Legião de Caridade Darcy Vargas, mais tarde conhecida como Legião Brasileira de Assistência (LBA), e a Casa do Pequeno Lavrador, destinadas a corrigir e disciplinar jovens com problemas de comportamento por meio do trabalho. A exploração da mão de obra de crianças e adolescentes pobres internos recebeu muitas críticas, inclusive por colaborar para o agravamento da situação dos jovens atendidos.

Em 1964, depois do período de redemocratização do Brasil (1945-1964) e início do regime militar, foi criada a Fundação Nacional do Bem-Estar do Menor (Funabem) e, nos estados, as Fundações Estaduais do Bem-Estar do Menor (Febens), cujo objetivo era a assistência à infância com ênfase na internação de jovens carentes, abandonados e infratores. Apesar de o Serviço de Assistência ao Menor (SAM) ter sido extinto, o regime militar seguiu a Doutrina da Situação Irregular do Menor, de acordo com a qual a conduta antissocial do "menor" deveria ser tratada com métodos educativos e corretivos. A situação era abordada como necessidade de segurança nacional. O objetivo era a recuperação dos jovens com o intuito de promover sua reintegração social.

O Código de Menores foi revisto apenas em 1979 – com o objetivo preventivo de assistência, proteção e vigilância a menores em consonância com as diretrizes da Política Nacional do Bem-Estar do Menor vigentes na época e destinadas a promover a integração sociofamiliar dos jovens –, com reduzidos efeitos sobre a modificação de sua essência moralizadora, repressiva e estigmatizadora em relação não só aos jovens como também às famílias pobres e marginalizadas. Os avanços científicos dos especialistas que colaboravam com o sistema judiciário reproduziram os preconceitos anteriores, qualificando os pais empobrecidos como inaptos para cuidar bem de seus filhos. Designadas como famílias que abandonavam seus filhos, incompetentes e negligentes, eram consideradas, por assim dizer, "culpadas" pelos infortúnios daqueles a quem deveriam proteger.

MUDANÇAS NO CONCEITO DA PROTEÇÃO À INFÂNCIA

FOI APENAS DEPOIS DE promulgada a Constituição de 1988 e de criado o Estatuto da Criança e do Adolescente (ECA), em 1990, que os direitos de cidadania foram plenamente assegurados à infância e à juventude brasileiras. Crianças e adolescentes passaram a ser vistos como pessoas em estado especial de desenvolvimento. O ECA modificou o paradigma segundo o qual a proteção prioritária e integral foi postulada – pelo menos na lei, uma vez que sua completa implementação tem se dado em avanços lentos e ainda incompreendidos por grande parcela não só da população como dos operadores nela envolvidos. Recomendou a mudança do termo "menor", por carregar consigo toda a carga preconceituosa do antigo Código de Menores, visando, ainda, dissolver as diferenças historicamente construídas entre as infâncias pobres e ricas.

Foi adotada, então, a Doutrina de Proteção Integral, defendida pela Organização das Nações Unidas e pela Declaração Universal dos Direitos da Criança (1959), segundo a qual as

ABORDAGEM À FAMÍLIA NO CONTEXTO DO CONSELHO TUTELAR

crianças e os adolescentes passaram a ser considerados sujeitos em desenvolvimento, com direito à proteção integral: o direito à vida, à saúde, à educação e à convivência familiar e comunitária. Com essa visão, iniciou-se a fase de "desinstitucionalização", isto é, a adoção do princípio de acordo com o qual a internação é concebida como o último recurso para o atendimento dos jovens, seja em situação de vulnerabilidade, seja em casos de envolvimento em autoria de ato infracional. Observa-se, contudo, a despeito das mudanças conceituais que incluem todos os segmentos sociais no dever de promover e garantir, com prioridade absoluta, o direito das crianças e dos adolescentes, que a família continuou sendo julgada a única culpada pelo processo de abandono e institucionalização de seus filhos.

A família tradicional brasileira, considerada "regular" pelo antigo Código de Menores, também se modificou com o tempo. As Constituições brasileiras, até 1988, reconheciam apenas a "família legítima". Porém, com a nova Carta Magna, a comunidade formada pelos pais ou por um dos pais e seus descendentes passou a ser reconhecida como família. Essa visão foi incorporada pelo Código Civil de 2002, que substituiu o Código Civil de 1916.

O reconhecimento da igualdade dos direitos femininos no casamento também foi incorporado nessa nova lei, que adotou os princípios introduzidos anteriormente de que a mulher não deve ser considerada inferior ao marido tal como era antes no Brasil. O Estatuto da Mulher Casada foi promulgado em 1962, e a instituição do divórcio data de 1977. Com essas mudanças, incorporou-se a importante modificação do antigo "pátrio poder" para "poder familiar". Assim, a autoridade absoluta do pai e a rígida divisão de papéis assegurando plena autoridade paterna – que era traduzida pela expressão "pátrio poder" – foram revistas. O Código Civil, apesar de proposto na década de 1970, entrou em vigor apenas em 2003. Na atual lei, já se encontra a modificação do termo "pátrio poder" para "poder familiar" sobre os filhos. O novo Código Civil extinguiu a discriminação entre filhos legítimos e ilegítimos, e reduziu a idade de 21 para 18 anos no que se refere à responsabilidade e capacidade civil. O Código reflete, então, as modificações culturais e sociais em curso no mundo desde o período do pós-Segunda Guerra Mundial (1945), que impôs a necessária revisão dos direitos humanos em geral, bem como dos direitos específicos das mulheres, das crianças, dos adolescentes e, mais recentemente, dos idosos.

O movimento de contracultura, que teve início nos anos finais da década de 1960 e ganhou destaque com o movimento hippie, foi protagonizado principalmente pela parcela jovem, contribuindo para ampliar a visão de adolescência como período de vida que contesta a ordem vigente. A percepção de tais movimentos como encabeçados por desordeiros ou agentes de renovações culturais também é influenciada pela classe social a que pertencem os jovens, sendo própria das classes mais abastadas.

Com o advento da separação e do divórcio legais, a justiça passou a ter de intervir e legislar nas situações, cada vez mais frequentes, de famílias sem o perfil do modelo nuclear tradicional – famílias uniparentais (apenas a mãe ou o pai com os filhos), pluricompostas (constituídas por madrastas e padrastos e por filhos de uniões anteriores e atuais) etc. –, que solicitam novas normatizações, mediações e negociações para preservar os direitos indiscutíveis do "melhor interesse das crianças e dos adolescentes", como a convivência familiar e comunitária.

Para os filhos, outro importante avanço tem lugar com o reconhecimento do direito de todos os filhos (não apenas dos que são fruto da união legal) aos cuidados e à herança dos pais, garantindo-lhes proteção contra qualquer forma de discriminação à sua origem. Esse fato extingue a figura da bastardia e suas nefastas consequências em nossa legislação, o que se espera acontecer com a mentalidade e cultura de nossa sociedade.

As resistências encontradas, por exemplo, no que diz respeito à educação de filhos sem uso de violência e as dificuldades atuais

ABORDAGEM À FAMÍLIA NO CONTEXTO DO CONSELHO TUTELAR

de pais (pai e mãe) em assegurar o contato e a participação dos outros pais na vida dos filhos motivam, ainda, a discussão em leis subsequentes, nas questões como guarda e outras mais. Quanto ao direito do filho ao contato com ambos os pais e ao acompanhamento de sua educação também por ambos, recentemente foi regulamentada a questão da "alienação parental" visando assegurar a manutenção do vínculo entre os filhos e seus genitores, independentemente da situação de guarda. Segundo essa lei, os guardiões não podem impedir o pleno contato entre pais e filhos, desqualificar a figura parental, dificultar ou impedir as funções próprias da parentalidade.

Depois da Constituição de 1988, modificou-se também a noção de família nuclear como a única "certa", uma vez que se admite que a família (independentemente de sua composição) é o lugar da afeição e também dos conflitos – inclusive, é nela que os jovens aprendem a resolvê-los. As novas diretrizes trazidas pela Lei Orgânica da Assistência Social incluem a orientação de que a dinâmica de cada família deve ser compreendida de acordo com as condições extrafamiliares que a afetam. Em suma, podemos dizer que a lei melhorou muito quanto ao respeito da sociedade à criança e ao adolescente, na medida em que lhes dá os mesmos direitos que dá aos adultos.

Aos que criticam o ECA – quanto ao movimento pró--redução da idade penal e à impressão de que ele diminuiria a autoridade parental por possibilitar às crianças e aos adolescentes denunciar diretamente abusos e maus-tratos –, só temos a dizer que ele é considerado uma das melhores leis do mundo e, como toda lei, é passível de ajustes conforme as condições do meio a que se destina, como na questão do índice de criminalidade dos jovens. No caso da autoridade paterna, acreditamos numa má compreensão da lei, principalmente pela confusão entre autoridade e autoritarismo. Ninguém pode contestar a necessidade de hierarquia na estrutura familiar no que diz respeito aos pais ou responsáveis pelos filhos, desde que essa responsabilidade seja exercida com autoridade, isto é, com firmeza, diálogo e negociação, não com exigências absurdas ou agressão e violência – ou seja, com autoritarismo.

Vale notar que, nos casos de jovens autores de atos infracionais, a experiência mostra que, com o ECA, a aplicação da lei tem sido muito mais rápida para os jovens do que para os adultos, de tal maneira que as medidas socioeducativas de restrição de liberdade são cumpridas com mais frequência e agilidade que no caso dos adultos, aos quais a lei faculta grande número de recursos e a possibilidade de fazê-lo em liberdade.

CONSIDERAÇÕES FINAIS

É ESSENCIAL FRISAR A necessidade de considerar a família parte da solução do problema com crianças e adolescentes. A nosso ver, porém, isso só é possível se houver uma maneira específica de enxergar a relação familiar. Acreditamos que, se deixarmos de culpar a família pelas dificuldades de seus filhos e, diante do problema apresentado por uma criança ou adolescente, buscarmos a solução enfocando-o como uma situação que implica apoiar também a família, procurando atender a suas necessidades, orientando-a e ajudando-a a compreender suas responsabilidades, ao mesmo tempo que lhe damos espaço para ser ouvida, obteremos melhores resultados.

Apontar o dedo e acusar a família de incompetente só cronifica a questão. A experiência com alguns casos tem mostrado que, se oferecermos à família oportunidade de mudança enquanto as medidas socioeducativas para os filhos estão em curso, conseguiremos soluções muito mais eficazes e duradouras. É evidente que para atuar com essa visão mais global do problema faz-se necessária uma estrutura em rede dos serviços envolvidos, como demonstrado em outro capítulo deste livro.

ABORDAGEM À FAMÍLIA NO CONTEXTO DO CONSELHO TUTELAR

REFERÊNCIAS

COSTA, Nina R. do Amaral; ROSSETI-FERREIRA, Maria Clotilde. "Acolhimento familiar: uma alternativa de proteção para crianças e adolescentes". *Psicologia: Reflexão e Crítica*, Porto Alegre, v. 22, n. 1, 2009, p. 111-18. Disponível em: <http://www.scielo.br/scielo. php?pid=s0102-79722009000100015&script=sci_arttext>.

CRUZ, Lilian; HILLESHEIM, Betina; GUARESCHI, Neuza M. de Fátima. "Infância e políticas públicas: um olhar sobre as práticas psi". *Psicologia & Sociedade*, v. 17, n. 3, 2005, p. 42-9. Disponível em: <http://www. scielo.br/pdf/psoc/v17n3/a06v17n3.pdf>.

KUHMANN JR., Moisés. Resenhas. "Uma história da infância: Da Idade Média à época contemporânea no Ocidente". Colin Heywood. Porto Alegre: Artmed, 2004.". *Cadernos de Pesquisa*, v. 35, n. 125, maio/ago. 2005, p. 239-42. Disponível em: <http://www.scielo.br/pdf/cp/v35n125/ a1435125.pdf>.

LORENZI, Gisela Werneck. *Uma breve história dos direitos da criança e do adolescente no Brasil*. Disponível em: <http://www.promenino.org.br/ Ferramentas/Conteudo/tabid/77/ConteudoId/70d9fa8f-1d6c-4d8d--bb69-37d17278024b/Default.aspx>.

RIBEIRO, Paulo R. Marçal. "História da saúde mental infantil: a criança brasileira da Colônia à República Velha". *Psicologia em Estudo*, Maringá, v. 11, n. 1, jan./abr. 2006, p. 29-38. Disponível em: <http://www.scielo. br/pdf/pe/v11n1/v11n1a04.pdf>.

SAPIENZA, Gabriela; PEDROMÔNICO, Márcia R. Marcondes. "Risco, proteção e resiliência no desenvolvimento da criança e do adolescente". *Psicologia em Estudo*, Maringá, v. 10, n. 2, maio/ago. 2005, p. 209-16. Disponível em: <http://www.scielo.br/pdf/pe/v10n2/v10n2a07.pdf>.

SCOTT, Ana S. Volpi. "As teias que a família tece: uma reflexão sobre o percurso da história da família no Brasil". *História: Questões e Debates*, Curitiba, n. 51, jul./dez. 2009, p. 13-29. Disponível em: <http://ojs.c3sl. ufpr.br/ojs2/index.php/historia/article/view/19983/13277>.

2 Breves fundamentos jurídicos para a atuação do Conselho Tutelar
Pedro Oto de Quadros

O FUNDAMENTO CONSTITUCIONAL

A CONSTITUIÇÃO FEDERAL DE 1988, em seu art. 227, estabeleceu que:

> É dever da família, da sociedade e do Estado assegurar à criança e ao adolescente, com absoluta prioridade, o direito à vida, à saúde, à alimentação, à educação, ao lazer, à profissionalização, à cultura, à dignidade, ao respeito, à liberdade e à convivência familiar e comunitária, além de colocá-los a salvo de toda forma de negligência, discriminação, exploração, violência, crueldade e opressão.

De acordo com a lei, as ações governamentais devem seguir algumas diretrizes para atender aos direitos da criança e do adolescente. São elas: 1) a descentralização político-administrativa, cabendo à esfera federal a coordenação e as normas gerais e aos estados e municípios a coordenação e execução dos programas; e 2) a participação da população, por meio de organizações representativas, na formulação das políticas e no controle das ações em todos os níveis (art. 227, § 7º, c.c. art. 204, e incs. I e II).

Nesse mesmo artigo da Constituição, está prevista a garantia do superior interesse da criança e de sua proteção integral. O texto deixa muito claro que é "dever da família, da sociedade e do Estado" assegurar todos os direitos à criança e ao adolescente. É do conhecimentos de todos que o dever da família e da sociedade é importantíssimo, mas esse texto limita-se ao papel do Estado. Deve-se observar que Estado, aqui, é expressão genérica que se refere a todas as entidades territoriais estatais, pois uma das caractéristicas da república federativa consiste precisamente em distribuir o poder estatal por todas as unidades autônomas que a compõem, para que cada uma atue dentro de suas competências atribuídas pela Constituição.

Precisamos entender muito bem esse ponto da Constituição para compreender a ideia de descentralização político-administrativa no atendimento dos direitos da criança e do adolescente, assim como a entrega da coordenação e da elaboração de normas gerais à esfera federal, e da coordenação e da execução dos respectivos programas às esferas estadual e municipal. A Constituição, guardando coerência em si mesma, remete à organização do país na forma de república federativa, assim como confere competência à União para garantir o cumprimento dos direitos e elaborar normas gerais.

Podemos localizar o tema sobre os limites das competências em geral (inclusive sobre a proteção à criança e ao adolescente) dos entes federados no Título III – Da organização do Estado –, da Constituição Federal vigente (arts. 21 a 32). Se lermos com atenção seus dispositivos e os temas "criança e adolescente", podemos extrair os dispositivos principais que norteiam as competências federadas.

Na matéria "proteção à criança e ao adolescente" da atual Constituição, é possível encontrar: 1) competência material privativa ou exclusiva; 2) competência material comum; 3) competência legislativa privativa ou exclusiva; e 4) competência legislativa concorrente. Nota-se que a Constituição defende uma descentralização político-administrativa, cabendo a coordenação e as normas gerais à esfera federal e a coordenação e a execução dos respectivos programas às esferas estadual e municipal. Quanto à distribuição de competências, observa-se uma competência concorrente, ou seja, ambas exercem competência simultaneamente sobre a matéria.

De acordo com a Constituição, a limitação da competência da União às normas gerais não significa que a legislação federal na matéria "proteção à infância e à juventude" deva se restringir ao nível dos princípios e dos critérios, deixando a regulamentação dos institutos específicos à legislação estadual. Normas gerais são todas as normas procedentes da União, desde que aplicáveis de forma igual a todos os Estados e a todos os cidadãos, sem discriminação – em outras palavras, normas de aplicação isonômica em todo o território nacional. Tais "normas gerais" na referida matéria podem dispor apenas sobre princípios (normas-princípios) ou descer a detalhes de regulamentação (normas-regras), desde que iguais em todo o país, de acordo com a maior ou menor intervenção que a União queira exercer nessas matérias, deixando, consequentemente, aos Estados membros maior ou menor espaço normativo para o estabelecimento de outras normas.

PREVISÃO LEGAL DO CONSELHO TUTELAR

No ESTATUTO DA CRIANÇA e do Adolescente (art. 31) está previsto que "o Conselho Tutelar é órgão permanente e autônomo, não jurisdicional, encarregado pela sociedade de zelar pelo cumprimento dos direitos da criança e do adolescente, definidos nesta Lei". Ao analisar esse dispositivo, Judá Soares (1996) afirma que ele contém a conceituação, a finalidade e as três características básicas do Conselho Tutelar: é permanente, autônomo e não jurisdicional. Ser *permanente* significa ser contínuo, duradouro, ininterrupto; não é acidental, temporário, eventual, mas essencial e indispensável ao organismo social (comparando com o organismo humano, não é como um dente que pode ser extraído e substituído, mas como o cérebro, sem o qual não se sobrevive). Ser *autônomo* implica ter liberdade e independência na atuação funcional, não podendo suas decisões ficar submetidas a escalas hierárquicas, no âmbito da administração. Ser *não jurisdicional* quer dizer que as funções exercidas são de natureza executiva, sem a

LIANA FORTUNATO COSTA, MARIA APARECIDA PENSO
E MARIA INÊS GANDOLFO CONCEIÇÃO (ORGS.)

atribuição (que é exclusiva do Poder Judiciário) de compor as lides (conflitos de interesses qualificados por pretensões resistidas). Por isso, não cabe ao Conselho Tutelar estabelecer qualquer sanção para forçar o cumprimento de suas decisões; se necessitar fazê-lo, terá de representar ao Poder Judiciário.

Ao indicar a finalidade do Conselho Tutelar, o Estatuto faz cumprir a Constituição Federal, que diz ser dever da família, da sociedade e do Estado assegurar à criança e ao adolescente, com absoluta prioridade, os direitos individuais e sociais que enumera (art. 227), e faz alusão à legislação tutelar específica (art. 227, inc. IV). O Conselho Tutelar não é apenas uma experiência, mas uma imposição constitucional decorrente da forma de associação política adotada, que é a democracia participativa ("Todo o poder emana do povo, que o exerce por meio de representantes eleitos, *ou diretamente*, nos termos desta Constituição." – art. 1º, parágrafo único), e não mais a democracia meramente representativa de Constituições anteriores. O Estatuto concretiza, define e personifica, na instituição do Conselho Tutelar, o dever abstratamente imposto à sociedade. O Conselho deve, como mandatário da sociedade, ser o braço forte a zelar pelos direitos da criança e do adolescente.

Wilson Liberati e Públio Cyrino (1997) entendem que, por ter a responsabilidade de zelar, caso a caso, pela garantia dos direitos individuais de crianças e adolescentes, e de exigir a eficácia dos deveres correspondentes, o Conselho Tutelar reveste-se de características que dão suporte e legitimidade à sua atuação, já citadas: a estabilidade (permanência), a autonomia e a não jurisdicionalização de seus atos. Atribuídas ao Conselho Tutelar, tais características podem, inclusive, reclamar o *status* de *pressupostos de constituição*. Sem estes, o Conselho Tutelar fica órfão de critérios de procedibilidade, ou seja, não existe. O ordenamento jurídico vigente não lhe dá validade e operacionalidade se não estiverem presentes os pressupostos válidos de constituição e funcionamento.

Abordagem à família no contexto do conselho tutelar

O Conselho Tutelar é, também, o órgão incumbido pela sociedade de zelar pelo cumprimento dos direitos da criança e do adolescente, o que traduz a iniciativa da comunidade local de escolher alguém, com alguns requisitos e qualidades, para ser o executor das atribuições constitucionais e legais no âmbito da proteção à infância e à juventude. A sociedade encarrega o Conselho Tutelar na forma prevista no Estatuto da Criança e do Adolescente: em cada município haverá, no mínimo, um Conselho Tutelar composto de cinco membros, escolhidos pela comunidade local para mandato de quatro anos, permitida uma recondução (art. 132). O processo para a escolha dos membros do Conselho Tutelar será estabelecido em lei municipal e realizado sob a responsabilidade do Conselho Municipal dos Direitos da Criança e do Adolescente, e a fiscalização do Ministério Público (art. 139).

Ao regulamentar a previsão constitucional (art. 227, c.c. o art. 204), o Estatuto da Criança e do Adolescente cria o Conselho Tutelar. Para desvendar sua natureza jurídica, é imprescindível ter em mente quais as implicações da atuação. Por isso, é importante ter presentes as atribuições do Conselho Tutelar explicitadas no Estatuto da Criança e do Adolescente (art. 136).

O Estatuto dispõe que compete ao Conselho Tutelar atender as crianças e os adolescentes nas hipóteses previstas nos arts. 98 e 105, aplicando as medidas previstas no art. 101, incs. I a VII. Crianças e adolescentes, nas hipóteses previstas no art. 98, são os indivíduos com direitos reconhecidos no Estatuto ameaçados ou violados por ação ou omissão da sociedade ou do Estado, por falta, omissão ou abuso dos pais ou responsável, e em razão da conduta da própria criança ou do adolescente. Crianças, nas hipóteses previstas no art. 105, são as que praticaram ato infracional.

Nessas hipóteses, é cabível a aplicação das medidas de proteção previstas no art. 101, quais sejam: 1) encaminhamento aos pais ou responsável, mediante termo de responsabilidade; 2) orientação, apoio e acompanhamento temporários; 3) matrícula e frequência obrigatórias em estabelecimento oficial de ensino fundamental; 4) inclusão em programa comunitário ou oficial de auxílio à família, à criança e ao adolescente; 5) requisição de tratamento médico, psicológico ou psiquiátrico, em regime hospitalar ou ambulatorial; 6) inclusão em programa oficial ou comunitário de auxílio, orientação e tratamento a alcoólatras e toxicômanos; e 7) abrigo em entidade. Cabe, portanto, ao Conselho Tutelar atender essas crianças e esses adolescentes, avaliar a situação e decidir se há necessidade de aplicação de medidas de proteção e quais das previstas melhor lhes preservam os direitos assegurados no Estatuto. É bom ressaltar que não é dada ao Conselho Tutelar a aplicação da medida de proteção de colocação em família substituta, prevista no inc. VIII do art. 101, uma vez que, em razão da gravidade das consequências dessa medida, ela depende de decisão judicial.

É importante deixar claro que a Lei nº 12.010, de 3 de agosto de 2009, introduziu importantes modificações no Estatuto da Criança e do Adolescente. Embora essa lei não tenha mudado expressamente a competência do Conselho Tutelar – prevista no art. 136, e inc. I, do Estatuto da Criança e do Adolescente – para aplicar a medida de proteção prevista no art. 101, inc. VII, que teve o nome modificado para "acolhimento institucional", desavisadamente se poderia sustentar que o Conselho Tutelar continua com essa competência. Ora, se a partir da vigência da nova lei apenas o juiz da infância e da juventude pode determinar a retirada da criança da família (art. 101, § 2º), obviamente o acolhimento da criança como medida de proteção que implica a retirada da família somente deverá ser feito por decisão judicial. Por isso, na técnica legislativa, houve o que se denomina derrogação da competência do Conselho Tutelar para aplicar medida que passou a ser chamada de "acolhimento institucional". Se o Conselho Tutelar entender necessário o afastamento do convívio familiar, comunicará o fato ao Ministério Público, prestando-lhe informações sobre os motivos de tal entendimento e as medidas

ABORDAGEM À FAMÍLIA NO CONTEXTO DO CONSELHO TUTELAR

tomadas para a orientação, o apoio e a promoção social da família (art. 136, parágrafo único). Sempre que a garantia do direito de crianças e adolescentes exija, o Conselho Tutelar deve atender e aconselhar os pais ou responsável. Desse atendimento pode ser constatada a necessidade de aplicação de medidas como: 1) encaminhamento a programa oficial ou comunitário de proteção à família; 2) inclusão em programa oficial ou comunitário de auxílio, orientação e tratamento a alcoólatras e toxicômanos; 3) encaminhamento a tratamento psicológico ou psiquiátrico; 4) encaminhamento a cursos ou programas de orientação; 5) obrigação de matricular o filho ou pupilo e acompanhar sua frequência e aproveitamento escolar; 6) obrigação de encaminhar a criança ou adolescente a tratamento especializado; e 7) advertência. Não cabe ao Conselho Tutelar aplicar aos pais ou ao responsável as medidas de perda da guarda, destituição da tutela e suspensão ou destituição do pátrio poder, previstas nos incs. VIII, IX e X do art. 129 do Estatuto, porque, da mesma forma, a natureza dessas medidas exige decisão judicial.

O Conselho Tutelar também deve promover a execução de suas decisões, podendo, para tanto, requisitar serviços públicos nas áreas de saúde, educação, serviço social, previdência, trabalho e segurança, e representar a autoridade judiciária nos casos de descumprimento injustificado de suas deliberações, de acordo com o procedimento estabelecido pelo Estatuto da Criança e do Adolescente (arts. 191 a 193). Ressalta-se a autonomia efetiva do Conselho Tutelar perante os órgãos do Poder Executivo que possuem atribuição para prestar tais serviços públicos.

Há hipóteses em que o adolescente autor de ato infracional não necessita de medida socioeducativa, mas sim de medidas de proteção. Por isso, há previsão legal de aplicação de medidas de proteção como medida socioeducativa (art. 112, inc. VII). Dessa forma, cabe ao Conselho Tutelar providenciar a execução da medida de proteção aplicada pela autoridade judiciária, entre as previstas no art. 101, itens I a VI, para o adolescente autor de ato infracional. Informar o Ministério Público de fato que constitua infração administrativa ou penal contra os direitos da criança ou do adolescente, assim como encaminhar devidamente os casos de competência da autoridade judiciária, na verdade, é dever cívico de qualquer pessoa. Para o Conselho Tutelar não poderia ser diferente, tendo a previsão legal, porém, caráter imperativo.

Uma das atribuições mais importantes do Conselho Tutelar na área de prevenção, atuando como garante da destinação privilegiada de recursos públicos nas áreas relacionadas com a proteção à infância e à juventude, nos termos do disposto no Estatuto da Criança e do Adolescente (art. 4º, parágrafo único, al. *d*), consiste em assessorar o Poder Executivo local na elaboração da proposta orçamentária para planos e programas de atendimento dos direitos da criança e do adolescente.

Cabe ainda ao Conselho Tutelar representar, em nome da pessoa e da família, contra a violação de direitos previstos na Constituição Federal relativos à programação das emissoras de rádio e televisão. O art. 220 da Constituição dispõe que "a manifestação do pensamento, a criação, a expressão e a informação, sob qualquer forma, processo ou veículo não sofrerão qualquer restrição, observado o disposto nesta Constituição". Já o § 3º, inc. II, desse mesmo dispositivo, dispõe que compete à lei federal estabelecer os meios legais que garantam à pessoa e à família a possibilidade de se defender de programas ou programações de rádio e televisão que contrariem o disposto no art. 221, bem como da propaganda de produtos, práticas e serviços que possam ser nocivos à saúde e ao meio ambiente. Nesse artigo, assenta-se que a produção e a programação das emissoras de rádio e televisão atenderão aos seguintes princípios: 1) preferência a finalidades educativas, artísticas, culturais e informativas; 2) promoção da cultura nacional e regional e estímulo à produção independente que objetive sua divulgação; 3) regionalização da produção cultural, artística e jornalística, conforme percentuais estabelecidos em lei; 4) respeito aos valores éticos e sociais da pessoa e da família.

Expedir notificações e requisitar certidões de nascimento e de óbito de criança ou adolescente, quando necessário, também constituem meios para que o Conselho Tutelar desempenhe suas atribuições. Do mesmo modo, no decorrer do atendimento, o Conselho Tutelar pode verificar que se trata de caso que só poderá ser resolvido se for determinada a perda ou a suspensão do poder familiar. Constatada essa necessidade, o órgão deve, sempre explicitando os motivos, representar ao Ministério Público para ajuizamento da pertinente ação judicial. É importante lembrar que as decisões do Conselho Tutelar somente poderão ser revistas pela autoridade judiciária a pedido de quem tenha legítimo interesse (art. 137).

NATUREZA JURÍDICA DO CONSELHO TUTELAR

LIBERATI E CYRINO (1997) afirmam que identificar a natureza jurídica do Conselho Tutelar é tarefa delicada, por se tratar de assunto relativamente novo no ordenamento jurídico. Entendem tratar-se de órgão que tem sua origem em lei municipal, conforme disposto no Estatuto da Criança e do Adolescente (art. 134). Tal dispositivo prevê, inclusive, a determinação de local, dia, horário e destinação de recursos para seu funcionamento. A natureza jurídica do Conselho Tutelar é de uma instituição de direito público, de âmbito municipal, com características de estabilidade e independência funcional, desprovida de personalidade jurídica, que participa do conjunto das instituições brasileiras, estando, portanto, subordinada às leis vigentes no país.

Percebe-se, pois, que o Conselho Tutelar é a instituição que deve exercer a função de vanguarda na aplicação de medidas especiais para garantia dos direitos humanos da criança e do adolescente. É instituição privilegiada no que diz respeito à proximidade física, à legitimação social, ao conhecimento da realidade cultural das crianças, dos adolescentes, das famílias, da sociedade, da rede de atendimento, capaz de apreciar os casos concretos e empreender mais celeremente as providências aptas a preservar ou restabelecer direitos de crianças e adolescentes porventura ameaçados ou violados.

Trata-se de órgão colegiado de deliberação coletiva que exerce parte do poder estatal atribuído pela Constituição Federal e pelo Estatuto da Criança e do Adolescente aos municípios. Verifica-se que muitas das atribuições do Conselho Tutelar eram anteriormente exercidas pelo juiz de menores. Obviamente, por se encontrar no Judiciário, mesmo que contasse com boa equipe técnica, o juiz de menores decidia de modo peremptório, sem possibilidade de qualquer contestação, até mesmo pelo significado simbólico da decisão judicial no imaginário social. O Conselho Tutelar libera os juízes do acúmulo de tarefas de índole meramente de política social, permitindo-lhes concentrarem-se em suas funções específicas jurisdicionais.

O Conselho Tutelar atua caso a caso, substituindo a intervenção da autoridade judiciária na aplicação de medidas especiais de proteção a crianças, adolescentes e suas famílias, bem como a atuação da autoridade policial no trato com criança a quem é atribuída a prática de ato infracional, razão pela qual se diz que, com a instalação do Conselho Tutelar, está havendo a "despolicialização" e a "desjudicialização" do atendimento à criança e ao adolescente.

O Conselho Nacional dos Direitos da Criança e do Adolescente (Conanda) afirma expressamente que "o Conselho Tutelar é órgão público não jurisdicional, que desempenha funções administrativas direcionadas ao cumprimento dos direitos da criança e do adolescente, sem integrar o Poder Judiciário" (Resolução nº 75, de 2001, art. 6º); e que "a autoridade do Conselho Tutelar para aplicar medidas de proteção deve ser entendida como a função de tomar providências, em nome da sociedade e fundada no ordenamento jurídico, para que cesse a

ABORDAGEM À FAMÍLIA NO CONTEXTO DO CONSELHO TUTELAR

ameaça ou violação dos direitos da criança e do adolescente" (Resolução nº 75, de 2001, art. 7º, § 2º). São impositivas aos serviços públicos envolvidos. Pode-se afirmar que o Conselho Tutelar, assim como o Conselho dos Direitos da Criança e do Adolescente, conquanto ainda não adequados à Constituição Federal e à legislação federal e não contarem com estrutura e meios necessários para o funcionamento, são os órgãos mais democráticos resultantes da Constituição Federal (arts. 227, § 7º e 204) e do Estatuto da Criança e do Adolescente. Representativos da sociedade, esses órgãos propiciam a participação da população interessada em que suas crianças tenham todos os direitos garantidos.

A NATUREZA JURÍDICA DO CONSELHEIRO TUTELAR

CONSELHEIROS TUTELARES SÃO AGENTES públicos que exercem, ainda que transitoriamente ou sem remuneração, por eleição, nomeação, designação, contratação ou qualquer outra forma de investidura ou vínculo, mandato, cargo, emprego ou função nos órgãos ou entidades da administração pública direta, indireta, ou fundacional.

Detentores de mandato com investidura a prazo certo, os conselheiros tutelares exercem suas atribuições com total independência funcional, em atenção à autonomia do Conselho Tutelar, não estando submetidos a nenhuma subordinação hierárquica, e suas deliberações somente podem ser revistas pela autoridade judiciária. Integram a estrutura do Estado, na pessoa jurídica de direito público do município, com previsão na lei de normas gerais, que é o Estatuto da Criança e do Adolescente, o qual, a seu turno, encontra fundamento na Constituição Federal (arts. 227, § 7º e 204).

Nesse sentido, a essência do direito da criança e do adolescente e a atuação do Conselho Tutelar e de qualquer agente que

LIANA FORTUNATO COSTA,MARIA APARECIDA PENSO
E MARIA INÊS GANDOLFO CONCEIÇÃO (ORGS.)

aplique o direito em geral devem assumir alguns compromissos: o respeito pelo outro, significando a recusa a qualquer tipo de discriminação, a capacidade de ouvi-lo, de colocar-se em seu lugar, de abrir-se para um real diálogo, para a relação de troca; a compreensão da história como possibilidade, ou a rejeição de qualquer compreensão fatalista ou visão determinista da história; o amor incondicional pela liberdade e a certeza de que podemos nos tornar não só seres transformativos e dialógicos, mas também seres com a capacidade de tomar decisões que podem também desenvolver a capacidade para a ruptura. Somos seres não de adaptação, mas de relação, de inserção, de integração. Por tudo isso, a atuação do Conselho Tutelar e, na verdade, de todos nós deve considerar o rompimento que a sociedade brasileira desejou fazer com o modelo autoritário anteriormente vigente.

CONSIDERAÇÕES FINAIS

COM FUNDAMENTO NAS CONCEPÇÕES teóricas dos princípios constitucionais e institutos de direito administrativo mencionados, além de disposições legais e constitucionais existentes no direito positivo brasileiro, podem ser enunciadas as seguintes premissas a título de conclusão (esclarecendo antes que elas devem ser consideradas muito mais como pontos de partida para meditações futuras – até para que sejam eventualmente refutadas – do que pontos de chegada de um artigo cuja dimensão certamente não permite posicionamentos definitivos).

1 Na Constituição brasileira de 1988, estabeleceram-se os princípios do interesse superior e da proteção integral à criança e ao adolescente, ao preconizar-se o dever da família, da sociedade e do Estado de assegurar à criança e ao adolescente, com absoluta prioridade, o direito à vida, à saúde, à alimentação, à educação, ao lazer, à profissionalização, à cultura, à

ABORDAGEM À FAMÍLIA NO CONTEXTO DO CONSELHO TUTELAR

dignidade, ao respeito, à liberdade e à convivência familiar e comunitária, além de colocá-los a salvo de toda forma de negligência, discriminação, exploração, violência, crueldade e opressão (art. 227).

2 Para concretizar os princípios do interesse superior e da proteção integral, o constituinte de 1988 estabeleceu que no atendimento dos direitos da criança e do adolescente as ações governamentais devem ser organizadas com base nas diretrizes de: 1) descentralização político-administrativa, cabendo a coordenação e as normas gerais à esfera federal e a coordenação e a execução dos respectivos programas às esferas estadual e municipal; e 2) participação da população, por meio de organizações representativas, na formulação das políticas e no controle das ações em todos os níveis (art. 227, § 7º e art. 204, incs. I e II).

3 As mencionadas diretrizes de descentralização político--administrativa e de participação da população estão em perfeita sintonia com o princípio da soberania popular, segundo o qual "todo o poder emana do povo, que o exerce por meio de representantes eleitos ou diretamente, nos termos da Constituição" (CF, art. 1º, parágrafo único).

4 Quando no Estatuto da Criança e do Adolescente idealiza-se o Conselho Tutelar como colegiado responsável por zelar preventivamente pelos direitos e, portanto, por atender crianças, adolescentes e famílias com direitos ameaçados ou violados, privilegiam-se a descentralização político-administrativa e a participação da população mediante a organização representativa que é o Conselho Tutelar, diretrizes de observância obrigatória, nos termos da Constituição Federal.

5 O Conselho Tutelar funda-se no fato de que um grupo de pessoas escolhidas pela comunidade está em melhores condições de avaliar e decidir sobre qual medida deve ser aplicada em cada caso que surgir, numa relação dialógica com ela. São os conselheiros tutelares, conhecedores da realidade social da

LIANA FORTUNATO COSTA,MARIA APARECIDA PENSO
E MARIA INÊS GANDOLFO CONCEIÇÃO (ORGS.)

comunidade, os responsáveis por garantir de imediato os direitos das crianças e dos adolescentes que vivem naquele local, para que tenham um desenvolvimento saudável e equilibrado.

6 O Conselho Tutelar bem como os Conselhos dos Direitos da criança e do adolescente, conquanto ainda não serem adequados à Constituição Federal e à legislação federal e, no plano local, nem à Lei Orgânica do Distrito Federal, nem contarem com estrutura e meios necessários para funcionamento pleno, são os órgãos mais democráticos resultantes da Constituição Federal (art. 227, § 7º e art. 204) e do Estatuto da Criança e do Adolescente. O Conselho Tutelar, órgão representativo da sociedade, propicia a adoção de soluções que evitam o clientelismo, a troca de favores políticos e diversos outros males, com a fiscalização e o controle direto da população interessada em que as crianças e os adolescentes tenham todos os seus direitos respeitados.

REFERÊNCIAS

ARANTES, Esther M. de Magalhães. "Rostos de crianças no Brasil". In: PILOTTI, Francisco; RIZZINI, Irene (eds.). *A arte de governar crianças: a história das políticas sociais, da legislação e da assistência à infância no Brasil.* Rio de Janeiro: Instituto Interamericano Del Niño; Editora Universitária Santa Úrsula; Amais Livraria e Editora, 1995. p. 170-220.

BRASIL. *Constituição da República Federativa do Brasil de 1988.* Brasília: Presidência da República. Disponível em: <www.planalto.gov.br/ccivil_03/constituicao/constituicao.htm>.

BRASIL. *Lei 8.069, de 13 de julho de 1990: Estatuto da Criança e do Adolescente.* Brasília: Presidência da República. Disponível em: <www.planalto.gov.br/ccivil_03/Leis/L8069.htm>.

BRASIL. *Lei 8.242, de 12 de outubro de 1991.* Brasília: Presidência da República. Disponível em: <www.planalto.gov.br/ccivil_03/Leis/L8242.htm>.

BRASIL. *Decreto 99.710, de 21 de novembro de 1990.* Promulga a Convenção sobre os direitos da criança. Brasília: Presidência da República.

Disponível em: <www.planalto.gov.br/ccivil_03/decreto/1990-1994/ D99710.htm>.

DIGIÁCOMO, Murillo José. *Algumas considerações sobre a composição do Conselho Tutelar*. Disponível em: <http://www2.mp.pr.gov.br/cpca/ telas/ca_ct_doutrina_11.php>.

FALEIROS, Vicente de Paula. "Infância e processo político no Brasil". In: PILOTTI, Francisco; RIZZINI, Irene (eds.). *A arte de governar crianças: a história das políticas sociais, da legislação e da assistência à infância no Brasil*. Rio de Janeiro: Instituto Interamericano Del Niño; Editora Universitária Santa Úrsula; Amais Livraria e Editora, 2005. p. 47-98.

FIGUEIREDO, Glória L. Alves; MELLO, Débora Falleiros de. "Atenção à saúde da criança no Brasil: aspectos da vulnerabilidade programática e dos direitos humanos". *Revista Latino-Americana de Enfermagem*, v. 15, n. 6, nov./dez. 2007. Disponível em: <www.scielo.br/pdf/rlae/v15n6/ pt_17.pdf>.

GARCIA, Elaine M. Barreira. *Conselheiro tutelar e a impossibilidade de concessão de "licença remunerada para atividades políticas"*. Disponível em: <www2.mp.pr.gov.br/cpca/telas/ca_ct_doutrina_2.php>.

LIBERATI, Wilson Donizeti; CYRINO, Públio C. Bessa. *Conselhos e fundos no Estatuto da Criança e do Adolescente*. São Paulo: Malheiros, 1997.

LOPES, Roseli E. *et al.* "Juventude pobre, violência e cidadania". *Saúde & Sociedade*, v. 17, n. 3, 2008, p. 63-76. Disponível em: <http://www.scielo. br/pdf/sausoc/v17n3/08.pdf>.

LYRA FILHO, Roberto. *O que é direito*. 17. ed. São Paulo: Brasiliense, 2003.

MARILLAC, Luisa de. *O Direito entre togas, capas e anéis*. Porto Alegre: Núria Fabris, 2009.

OLIVA, Jimena Cristina G. A.; KAUCHAKJE, Samira. "As políticas sociais públicas e os novos sujeitos de direitos: crianças e adolescentes". *Revista Katálysis*, Florianópolis, v. 12, n. 1, jan./jun. 2009, p. 22-31. Disponível em: <www.scielo.br/pdf/rk/v12n1/04.pdf>.

RIZZINI, Irene; THAPLIYAL, Nisha; PEREIRA, Luciléa. "Percepções e experiências da participação cidadã de crianças e adolescentes no Rio de Janeiro". *Revista Katálysis*, Florianópolis, v. 10, n. 2, jul./dez. 2007, p. 164-77. Disponível em: <www.scielo.br/pdf/rk/v10n2/a04v10n2.pdf>.

SOARES, Judá J. de Bragança. In: CURY, Munir; SILVA, Antônio F. do Amaral; MENDES, Emílio García (coords.). *Estatuto da Criança e do Adolescente comentado*. 2. ed. São Paulo: Malheiros, 1996.

3 O Estatuto da Criança e do Adolescente e as atribuições do Conselho Tutelar diante das famílias

Maria Inês Gandolfo Conceição
Maria Aparecida Penso

NESTE CAPÍTULO, APONTAREMOS AS atribuições que cabem aos conselheiros tutelares perante as famílias, de acordo com o que prevê o Estatuto da Criança e do Adolescente (ECA). Para isso, primeiro descreveremos resumidamente os avanços mais importantes introduzidos pelo Estatuto, fazendo uma breve incursão pelos antecedentes históricos e sociais da assistência à infância e adolescência das camadas populares brasileiras. Em seguida, traçaremos a conceituação de família na visão do Estatuto e da psicologia contemporânea e, finalmente, apresentaremos criticamente as atribuições do Conselho Tutelar para com as famílias.

O ECA COMO AVANÇO NA PROTEÇÃO EFETIVA A CRIANÇAS E ADOLESCENTES

UMA DAS PRINCIPAIS INOVAÇÕES trazidas pelo ECA foi considerar as crianças e os adolescentes seres em desenvolvimento, ou seja, seres que ainda estão incompletos e precisam da proteção da família, da sociedade e do Estado. Esse trio, em regime de responsabilidade compartilhada, deve auxiliar as crianças e os adolescentes na tarefa de completar seu ciclo de crescimento e desenvolvimento de forma saudável e segura. Além disso, com a entrada em vigor do Estatuto, crianças e adolescentes passam a ser considerados sujeitos de direito e de deveres, e não mais meros objetos de medidas judiciais.

Outro grande avanço propiciado pela nova lei diz respeito às ações complementares entre a sociedade civil e o governo por meio dos Conselhos de Direito e Tutelar. O Conselho Tutelar é órgão permanente e autônomo, não jurisdicional, encarregado pela sociedade de zelar pelo cumprimento dos direitos da criança e do adolescente. Com a mudança no papel da sociedade quanto à proteção integral da infância e adolescência, sua participação nas ações deixa de ser apenas voluntária e filantrópica e torna-se ativa e comunitária. A lei ressalta a importância das ações conjuntas do governo e da sociedade. Assim, a responsabilidade pelo cumprimento dos direitos e deveres preconizados pelo ECA é partilhada pela família, pela sociedade e pelo Estado, no que se convencionou chamar de ações paritárias. Para garantir a atuação da sociedade nessas ações, criaram-se representantes legais, entre os quais estão os conselheiros tutelares.

Diz o ECA em seu art. 4º:

> É dever da família, da comunidade, da sociedade em geral e do poder público assegurar, com absoluta prioridade, a efetivação dos direitos referentes à vida, à saúde, à alimentação, à educação, ao esporte, ao lazer, à profissionalização, à cultura, à dignidade, ao respeito, à liberdade e à convivência familiar e comunitária.

A grande transformação advinda da criação do Estatuto é a mudança no enfoque: em vez de proteger a sociedade dos menores infratores, propõe-se garantir a proteção à criança e ao adolescente na condição de seres em desenvolvimento. Essas mudanças visam superar os preconceitos em torno de crianças e adolescentes pobres e marginalizados, objetos privilegiados das ações vinculadas ao código anterior. Passam a caracterizar todas as crianças e adolescentes como dignos da proteção da sociedade, que deve fornecer-lhes plenos meios de promoção do desenvolvimento integral.

Pensar na implementação de ações efetivas direcionadas a crianças e adolescentes é pensar necessariamente em incluir suas famílias. Nisso o Estatuto foi muito feliz, uma vez que reconhece o papel fundamental da família, desde que os aparatos sociais realmente funcionem, em assegurar o cumprimento dos direitos e deveres de seus filhos. No texto do ECA, a palavra "família" aparece cerca de 60 vezes!

Sabe-se que o conceito de família tem sofrido muitas modificações ao longo da história, e há ainda uma grande polêmica que envolve visões tradicionalistas e preconceituosas do que se reconhece como família. A própria Constituição Federal de 1988 já representou um grande avanço no que se refere ao conceito de família, considerando a união estável entre o homem e a mulher, bem como a convivência do grupo formado por um dos pais e seus descendentes, como entidades familiares (art. 226, § 3º e 4º). E como o ECA compreende o conceito de família? Em seu art. 25, o Estatuto afirma: "Entende-se por família natural a comunidade formada pelos pais ou qualquer deles e seus descendentes". Por sua vez, o texto da lei destaca a priorização da manutenção da criança e do adolescente em sua própria família, sendo esta considerada a mais apta a satisfazer as necessidades de sua prole:

Art. 23. Parágrafo único. Não existindo outro motivo que por si só autorize a decretação da medida, a criança ou o adolescente será mantido em sua família de origem, a qual deverá obrigatoriamente ser incluída em programas oficiais de auxílio.

Vê-se, aqui, a preocupação em não reproduzir os pecados do velho código, que separava crianças e adolescentes de suas famílias sob qualquer pretexto, apoiado na ideia de "situação irregular", ou seja, a desqualificação da competência das famílias em assegurar o cuidado e a proteção à sua prole.

E como a psicologia considera a família? Para a psicologia sócio-histórica, a família não é uma organização natural. Ela se transforma no decorrer da história do homem. A família está inserta na base material da sociedade, ou seja, as condições históricas e as mudanças sociais determinam a forma como ela se organizará para cumprir sua função social, que é garantir a manutenção da propriedade e do *status quo* das classes superiores e a reprodução da força de trabalho das classes subalternas.

Chamada de célula *mater*, a família é uma forte transmissora de valores ideológicos e culturais dominantes em determinado momento histórico, cuja função é educar as novas gerações segundo padrões hegemônicos de princípios e condutas. É responsável pela sobrevivência física e psíquica das crianças, constituindo-se como primeiro grupo de mediação entre indivíduo e sociedade. É na família que acontecem os primeiros aprendizados de hábitos e costumes da cultura – como a língua, o exercício dos direitos etc.

O reconhecimento da importância da família como instituição fundamental para a formação e o desenvolvimento humano se vê refletido nas leis e políticas de assistência à infância. Em sua ausência, diz-se que a criança ou o adolescente precisa de uma "família substituta" ou instituição que cumpra as funções materna e paterna, isto é, as funções de cuidado e de transmissão dos valores e normas culturais como condição para a posterior participação na coletividade. O art. 19 do ECA diz: "Toda criança ou adolescente tem direito a ser criado e educado no seio da sua família e, excepcionalmente, em família substituta, assegurada a convivência familiar e comunitária, em ambiente livre da presença de pessoas dependentes de substâncias entorpecentes". Dispõe ainda em seu art. 100, inc. X: "prevalência da família: na promoção de direitos e na proteção da criança e do adolescente deve ser dada prevalência às medidas que os mantenham ou reintegrem na sua família natural ou extensa ou, se isto não for possível, que promovam a sua integração em família substituta".

Outras instituições repartem com a família as funções socializadoras: as instituições educacionais (creches, pré-escolas, escolas) e os meios de comunicação de massa. Crianças de todas as classes sociais estão indo cada vez mais cedo para instituições

Abordagem à família no contexto do Conselho Tutelar

educacionais. Um dos fortes motivos é a entrada da mulher no mercado de trabalho, que, por sua vez, trouxe uma mudança cultural importante no papel feminino. Tal mudança gerou efeitos no interior da família, na relação mãe-filho e na qualidade desse vínculo. Outro aspecto de destaque tem sido o papel dos meios de comunicação de massa (principalmente a televisão) na educação da criança e do adolescente, os quais são cada vez mais cedo expostos à influência dessas agências socializadoras. Observa-se sua crescente influência sobre as novas gerações no seu jeito de ser e de estar no mundo.

Antes de nascer, a criança já começa a ocupar um lugar no cenário social. Às diferenças biológicas são atribuídas representações sociais, expectativas de conduta para cada gênero, naturalizando o que seria exclusivo da educação de meninos e de meninas. É com essa naturalidade que se processa a primeira educação. Os pais são os primeiros modelos de como ser homem e ser mulher: padrões de comportamento que, em nossa cultura, são marcadamente diferentes. Assim, a família reproduz, em seu interior, a cultura que a criança internalizará. A família e os adultos têm grande poder no controle da conduta da criança, pois ela depende deles para sua sobrevivência física e psíquica. A primeira educação é o alicerce das experiências futuras.

Vários são os conceitos, embora haja convergência entre eles em algum ponto. Todavia, em que pesem os momentos de crise por que passou e passa a sociedade, a entidade familiar tem demonstrado grande capacidade de resistência e de adaptação no que concerne à manutenção do ideal da ordem social, apesar de, por vezes, fragmentada e redimensionada.

A AÇÃO DIRETA DO CONSELHO TUTELAR NA PROTEÇÃO

E como deve ser o trabalho do conselheiro tutelar com as famílias? Entre as atribuições do Conselho Tutelar, o ECA prevê que sejam aplicadas as medidas de proteção à criança e ao adolescente sempre que os direitos forem ameaçados ou violados. Nesse sentido, segundo o art. 129 do ECA, é dever do conselheiro atender e aconselhar os pais ou responsável, aplicando as medidas previstas, a saber:

I encaminhamento a programa oficial ou comunitário de proteção à família;
II inclusão em programa oficial ou comunitário de auxílio, orientação e tratamento a alcoólatras e toxicômanos;
III encaminhamento a tratamento psicológico ou psiquiátrico;
IV encaminhamento a cursos ou programas de orientação;
V obrigação de matricular o filho ou pupilo e acompanhar sua frequência e aproveitamento escolar;
VI obrigação de encaminhar a criança ou adolescente a tratamento especializado;
VII advertência.

Quando verificada a prática de ato infracional, além do encaminhamento aos pais ou responsável, mediante termo de responsabilidade, entre outras medidas, deve haver a inclusão da família e da criança ou do adolescente em programa comunitário ou oficial de auxílio, além da requisição de tratamento médico, psicológico ou psiquiátrico, em regime hospitalar ou ambulatorial.

Por último, é preciso reconhecer que, embora não nas proporções descabidas que supunha o velho código, nem toda família se configura em um ambiente saudável e protegido para seus filhos. Quando já se esgotaram todos os recursos para manter a criança em sua família, cabe ao Conselho Tutelar adotar medidas mais drásticas. Sobre esses casos dispõe o art. 136 do ECA:

Parágrafo único. Se, no exercício de suas atribuições, o Conselho Tutelar entender necessário o afastamento do convívio familiar, comunicará incontinenti o fato ao Ministério Público, prestando-lhe informações sobre os motivos de tal entendimento e as providências tomadas para a orientação, o apoio e a promoção social da família.

Trazer à tona as lembranças de erros e de preconceitos produzidos ao longo de nossa história contra crianças e suas famílias pobres pode ser muito importante para que não se repitam episódios de opressão e abusos contra os mais fracos e inocentes. Infelizmente, essas práticas incorretas não são apenas coisas do passado. Sabemos que ainda é muito comum tratar as famílias com rótulos preconceituosos e estigmatizantes, sendo recorrentes falas que as desqualificam: "família incompetente", "família desequilibrada, desestruturada", "família negligente", "família parasita do Estado" etc. Existe uma grande perversão na atitude de desqualificar as famílias em situação de vulnerabilidade social. Elas são duplamente prejudicadas: pela própria situação de precarização e pelo julgamento que delas se faz quando não se leva em conta que elas não são responsáveis por essa condição social; pelo contrário, elas são muito mais as vítimas da desigualdade social.

Por isso, longe de designá-las como responsáveis pela situação de risco em que se encontram, ouvir as famílias é também proteger as crianças e os adolescentes, uma vez que a compreensão daquelas permitirá reforçar os cuidados com estes. Isto é, em vez de desqualificar, é possível aproveitar o conhecimento que essas famílias têm acerca das situações de vulnerabilidade de seus filhos e utilizá-lo com o objetivo de identificar os aspectos nos quais investir a fim de empoderá-las, para minimizar os riscos e potencializar sua proteção.

Em suma, o trabalho do conselheiro tutelar com as famílias de crianças e adolescentes é de extrema relevância. Sua efetividade muitas vezes poderia se resumir em assegurar o acesso dessas famílias à rede de atenção básica. Além disso, as famílias devem ser consideradas competentes e capazes de superar as adversidades, desde que realmente contem com um sistema de garantia de direitos eficaz e funcionem os serviços sociais de assistência, saúde, educação, segurança, ocupação, lazer...

REFERÊNCIAS

CONCEIÇÃO, Maria Inês. G.; OLIVEIRA, Maria Cláudia. S. "A criança e o adolescente face à legislação e à Política Nacional sobre Drogas". In: *Prevenção ao uso indevido de drogas: curso de capacitação para conselheiros municipais*. v. 1. Florianópolis: Senad/Senasp/Fapeu/UFSC, 2008, p. 203-17.

_____. "A proteção de adolescentes em situação de risco pelo envolvimento com drogas". In: Senad/MEC/UnB. *Curso de prevenção do uso indevido de drogas para educadores de escola pública*. v. 1. Brasília: UnB Editora, 2006. v. 1. p. 32-41.

CONCEIÇÃO, Maria Inês. G.; PEREIRA, Sandra. E. F. N.; TOMASELLO, Fábio. "Prender ou proteger? Caminhos e descaminhos da assistência à infância e adolescência no Brasil". In: SUDBRACK, Maria. F. O.; CONCEIÇÃO, Maria Inês G.; SEIDL, Elaine.; SILVA, Maria. T. (orgs.). *Adolescentes e drogas no contexto da justiça*. Brasília: Plano, 2003. p. 81-92.

COSTA, Maria Conceição O.; BIGRAS, Marc. "Mecanismos pessoais e coletivos de proteção e promoção da qualidade de vida para a infância e adolescência". *Ciência & Saúde Coletiva*, v. 12, n. 5, out. 2007, p. 1101-9. Disponível em: <www.scielo.br/scielo.php?script=sci_arttext&pid=S141 3-81232007000500002&lng=en&nrm=iso>.

FERREIRA, Ana L.; SCHRAMM, Fermin R. "Implicações éticas da violência doméstica contra a criança para profissionais de saúde". *Revista Saúde Pública*, v. 34, n. 6, dez. 2000, p. 659-65. Disponível em: <www.scielosp. org/pdf/rsp/v34n6/3583.pdf>.

LUNA, Geisy L. Muniz; FERREIRA, Renata Carneiro; VIEIRA, Luiza J. Eyre de Souza. "Notificação de maus-tratos em crianças e adolescentes por profissionais da Equipe de Saúde da Família". *Ciência & Saúde Coletiva*, v. 15, n. 2, 2010, p. 481-91. Disponível em: <www.scielosp.org/pdf/csc/ v15n2/v15n2a25.pdf>.

MAIA, Joviane M. Dias; WILLIAMS, Lucia C. de Albuquerque. "Fatores de risco e fatores de proteção ao desenvolvimento infantil: uma revisão de área". *Temas em Psicologia*, v. 13, n. 2, 2005, p. 91-103. Disponível em: <pepsic.bvsalud.org/pdf/tp/v13n2/v13n2a02.pdf>.

SCHENKER, Miriam; MINAYO, M. Cecília de Souza. "Fatores de risco e de proteção para o uso de drogas na adolescência". *Ciência & Saúde Coletiva*, v. 10, n. 3, 2005, p. 707-17. Disponível em: <www.scielosp.org/ pdf/csc/v10n3/a27v10n3.pdf>.

4 A compreensão da família como sistema
Liana Fortunato Costa
Maria Aparecida Penso

NESTE CAPÍTULO, VAMOS APRESENTAR os conceitos que nos ajudam a compreender a família como um sistema, isto é, como um grupo de pessoas que têm grande interdependência afetiva entre si, não importando se possuem laços consanguíneos ou não.

BREVE HISTÓRIA DA FORMAÇÃO DA FAMÍLIA

SOMENTE ENTRE OS SÉCULOS XV e XVII a família passou a ser considerada um grupo de pessoas com vínculo afetivo. Nessa época, a vida se desenrolava sempre dentro do grupo no qual se nascia. Não havia vida privada, vida profissional ou vida social como aspectos independentes. Já a família moderna (surgida no século XVIII) tem a privacidade e o isolamento de seus componentes – tanto dos pais quanto dos filhos – como valores. O sentimento de família, comum a seus membros, traz consigo aspectos como: sentimento de pertencimento ao lar, casamento tardio, precocidade do trabalho, problemas habitacionais, tradição de escolarização para a criança.

A FAMÍLIA COMO UM SISTEMA

UM SISTEMA É UM conjunto de partes que possuem uma ligação de tal importância que o valor do conjunto torna-se maior do que o valor das partes em separado. Com respeito à família, as partes ou subsistemas interagem entre si apresentando uma conexão que é especial e faz que todos queiram preservar essa estrutura. A família é, portanto, um sistema que engloba sistemas menores (por exemplo, o casal, os filhos), mas se encontra dentro de outros sistemas maiores (por exemplo, a comunidade, a sociedade). A família é a matriz de desenvolvimento psicossocial de seus membros.

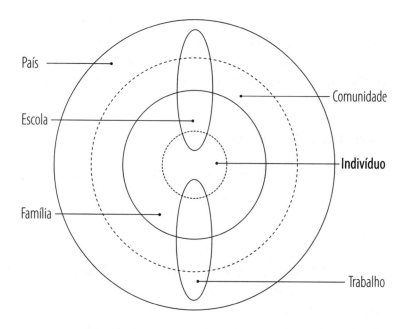

CARACTERÍSTICAS DO SISTEMA FAMILIAR

A FAMÍLIA É FORMADA por *subsistemas*. Temos o subsistema conjugal, o casal; o subsistema filial, os filhos; o subsistema masculino, os homens da casa: o subsistema feminino, as mulheres da casa; o subsistema infantil, as crianças da casa; o subsistema adolescente, os adolescentes da casa; e assim por diante.

A família é um *sistema sociocultural aberto*, em transformação, passando por estágios de desenvolvimento que requerem constante adaptação. Embora esteja sempre mudando, esse sistema quer conservar os padrões interacionais anteriores, exigindo ajuste de todos os seus membros. A *estrutura* da família é a sua organização básica: como reage a possíveis mudanças, como se adapta ao surgimento de problemas, é o padrão repetitivo e previsível de condutas e conversações dos membros entre si. A observação que fazemos da interação familiar nos revela essa estrutura.

Toda família possui *regras*, que são o modo habitual e repetitivo de o grupo se relacionar. O relacionamento também está marcado pela existência de *fronteiras* invisíveis que definem os limites dos subsistemas, como pai e mãe, marido e mulher, irmão e irmão, mãe e filhos etc. Há, ainda, uma fronteira extrafamiliar que fornece a proteção a seus membros contra os perigos externos. A estrutura da família pode ser aberta, quando existe mais troca de energia com o exterior, ou fechada, quando conserva mais sua energia interna. A *comunicação* é um aspecto importante na relação dos membros da família, podendo ser mais clara, o que ajuda nas negociações sobre conflitos, ou mais fechada, o que vai trazer dificuldades de aproximação entre os membros na hora de resolver pendências. Toda família é caracterizada por seus *valores*, que são aspectos essenciais que o grupo se esforça por conservar. A união é um valor muito importante para a família; o respeito aos mais velhos pode ser outro. Uma família com ausência de valores que pautem sua conduta terá muita dificuldade em educar seus filhos.

O sentido de *pertencimento* familiar fornece "a cola" que une seus membros e dá a sensação de uma ligação diferente das outras. Ao longo da vida, os membros da família vão gradativamente fazendo parte de outros grupos sociais, mas o laço de pertencimento à família de origem permanece como fundamental.

O *poder* está presente dentro da família e é identificado nas atitudes daqueles que manejam o grupo de forma conhecida ou sutil. Por exemplo, se o pai tem poder dentro da família, os demais membros vão sempre se dirigir a ele como referencial de indicação dos comportamentos. Poder é diferente de autoridade. *Autoridade* está ligada à hierarquia, que é a organização de poder conhecida. Muitas vezes, um pai tem autoridade, mas é o filho que está no poder – por exemplo, quando encontramos um adolescente fazendo uso de drogas e causando preocupação em toda a família.

Outro aspecto importante é a possibilidade de *individuação*, a tolerância e o encorajamento da família para que seus membros alcancem a autonomia. Os membros da família desenvolvem, naturalmente, uma interdependência afetiva e emocional entre si. A individuação é a condição necessária para que eles se sintam à vontade para expressar seus sentimentos, pensamentos e valores individuais. É a habilidade de ouvir e respeitar os outros membros.

Cada família enxerga seu relacionamento é de um jeito. Nem sempre um observador concorda com a forma como a família se descreve. A percepção da *realidade familiar* é o grau de congruência entre o que a família é, de fato, e o que ela pensa que é. Uma família pode se considerar unida, por exemplo, mas na verdade abrigar conflitos que desencadeiam muitas brigas.

A *intimidade* e a *afetividade* são outros aspectos fundamentais a ser observados. A afetividade é a presença de humor, de sentimentos claramente expressos e da possibilidade de os conflitos também ser expressos sem que isso determine rompimentos que trariam muito sofrimento. Para que os sentimentos ruins possam ser declarados sem que isso defina separações inconciliáveis, a família precisa cultivar a intimidade entre seus membros, que é a capacidade de estar próximo e disponível para o outro.

Atualmente, nós temos dado atenção aos aspectos de *gênero* que estão presentes dentro da família. Gênero é um conceito mais amplo do que a diferença biológica entre homem e mulher. Gênero é uma aprendizagem que fazemos sobre os papéis sociais que desempenhamos nos grupos de convivência. A família é um grupo de convivência que pode estar fortemente marcado por comportamentos de submissão e dominância, o que é muito frequente com relação aos papéis de marido dominador e mulher submissa, ou de filho dominado e pai violento e dominador.

PERSPECTIVA HISTÓRICA E POLÍTICA

TEMOS DE COMPREENDER E interpretar as relações e os conflitos familiares dentro de uma perspectiva história e política. Como a família é um sistema inserto em outros maiores, há uma interpenetração de influências nesses sistemas. Então, tudo que acontece nos sistemas social, econômico e político traz consequências sobre a forma de interação da família, mesmo que a família seja caracterizada por uma interação de intimidade e afetividade. Como não podemos dissociar a família de seu pertencimento a esses sistemas mais amplos, devemos incluí-los em nossa análise. A diferença, no entanto, é que podemos intervir com maior facilidade no microssistema familiar. A perspectiva familiar não é mais nem menos importante que as outras dimensões, mas oferece condições de acesso mais imediato.

O CICLO DE VIDA DA FAMÍLIA

ASSIM COMO NÓS, SERES individuais, temos um ciclo de vida, a família também possui um ciclo de etapas que marcam a passagem do tempo. Quando duas pessoas se unem para formar uma família, temos o que é considerado o início da família. Essa etapa é caracterizada por uma necessária acomodação aos novos papéis e funções que passam a existir. Essas duas pessoas têm de aprender a resolver problemas em conjunto, reconhecer que está em curso uma nova fase da união com seus pais, e absorver, para seu ciclo de relacionamentos, as pessoas da família de seu companheiro. Essa é a fase da *formação do casal.*

Logo depois, com a chegada dos filhos, inicia-se outra: a dos *filhos pequenos,* que se caracteriza por mudanças de valores (agora, o primordial é cuidar do bebê tão pequeno), mudanças na relação do casal, porque há um terceiro elemento em cena, e mudanças nas relações com a família de origem, porque os avós passam a ter um interesse especial por essa criaturinha e, naturalmente, adentram mais a casa.

Com os filhos mais velhos, temos dois momentos importantes: os filhos vão para a escola e logo em seguida entram na adolescência, passando a se ausentar mais de casa. É a fase do *casal com filhos maiores.* Após um período no qual a principal tarefa do casal era cuidar de crianças pequenas, tem início uma reaproximação desse casal, desde a parte afetiva até a sexual. Quando as crianças vão para a escola, os pais podem ter de fazer mudanças em sua rotina e seus valores, pois os filhos começam a trazer para dentro de casa seus amiguinhos, o que amplia as fronteiras da família. Com os filhos adolescentes, a questão do desabrochar da sexualidade pode perturbar e trazer novos enfoques para a sexualidade do casal. A adolescência dos filhos sinaliza para os pais que eles estão crescendo e vão cuidar da própria vida dentro em pouco.

Os filhos crescem, terminam sua formação profissional e iniciam a saída da casa dos pais. É a fase do *casal com os filhos fora de casa.* O casal volta a se aproximar, a economia doméstica pode ser reavaliada e mudada, e começa um período de maior preocupação com a própria saúde. Finalmente, chega a última fase, que se chama *casal em fase tardia.* Agora os filhos já se formaram, se casaram ou moram sozinhos, e o casal recupera sua condição inicial de vida. É chegado o tempo de refletir sobre a aposentadoria, a viuvez, e há uma mudança bem acentuada do padrão dos relacionamentos.

É claro que essa descrição ilustra uma vida comum a um casal de classe média ou média alta. Sabemos que a vida da família de baixa renda se passa de forma bem diversa. Essas famílias são caracterizadas pelo acúmulo de aspectos de fases diferentes que ocorrem simultaneamente. Não há o término de uma fase para que tenha início outra fase. Isso traz um aumento do estresse, da demanda por enfrentamento e pela solução de problemas que são características de uma etapa.

TRANSMISSÃO GERACIONAL: CARACTERÍSTICAS HERDADAS DE SEUS ANTEPASSADOS

As RELAÇÕES FAMILIARES TÊM uma condição essencial que é a de perpetuação da união familiar. Essa condição pode se manifestar abertamente ou de forma encoberta. A forma aberta é o desejo constante de querer resolver conflitos, voltar atrás em decisões com o objetivo de permanecerem juntos. A maneira encoberta é determinada pela presença de lealdades, que são sentimentos invisíveis entre seus membros, de modo que, mesmo nos momentos difíceis do convívio familiar, eles queiram ficar juntos. A lealdade familiar é um compromisso inconsciente assumido entre seus membros de lutar pela existência da família.

Quem trabalha com famílias percebe o valor inestimável de tentar traçar sua árvore genealógica, pois essa figura nos oferece as informações sobre a repetição de conflitos, transtornos nos relacionamentos, modos de atuar mais ou menos saudáveis. Cada geração tende a repetir o padrão de relacionamento e a temática de problema da geração anterior. O nome científico que a psicologia dá à árvore genealógica é *genograma*. O genograma é um excelente instrumento de conhecimento da dinâmica familiar, e as famílias, em geral, gostam muito de colaborar em sua feitura, pois elas também usufruem o desvendamento dessas repetições e passam a entender a origem de suas próprias queixas e sofrimentos.

Por meio da interpretação da árvore genealógica, as famílias podem identificar melhor como determinadas condutas e decisões se repetem, o que ajuda na compreensão das heranças adquiridas da família de origem.

AS FUNÇÕES DA FAMÍLIA

A FAMÍLIA É O primeiro grupo a que cada pessoa pertence. Esse sentimento de pertencimento traz segurança, proteção, bem--estar e conforto para o indivíduo. Ela oferece, ainda, espaço de continência para a ansiedade, para as emoções e para as experiências, constituindo-se em contexto de aprendizagem, de experimentação de regras e testes com limites, o que faz parte do treino dos papéis sociais.

A família tem várias funções: uma *função social*, ou seja, um compromisso com a sociedade maior; e uma função social interna, um compromisso com seus membros. Ela possui, ainda, uma *função de reprodução*, que se presta a dois contextos: tem como propósitos perpetuar a sociedade, em um âmbito mais amplo, e dar prosseguimento à sua própria existência, em uma perspectiva mais particular. A *função econômica* diz respeito ao reconhecimento de que a família é o núcleo social responsável por seus membros. Espera-se que ela promova sua formação moral, educação, proteção, alimentação e satisfação das necessidades básicas. A família também realiza o processo de filiação (*função da identificação social*), importante para o desenvolvimento do sentimento de pertencer, que identifica e diferencia o sujeito, tornando-o um indivíduo reconhecido. Além disso, a família tem a *função de socialização* dos seus membros, que se inicia quando nascem e se perpetua durante todo o seu desenvolvimento. Geralmente, essa função é dividida com outras instituições significativas, como escola, instituições religiosas, comunidade.

FAMÍLIA COMO UM CONTEXTO DE RISCO E DE PROTEÇÃO

TEMOS DE RECONHECER QUE a família se apresenta de forma paradoxal com relação a essas duas dimensões. Como *contexto de proteção*, ela oferece amparo e cuidados, educa, socializa e sustenta seus membros. Também os nutre de afeto, carinho e amor. Dá continência para os erros e acertos de seus componentes, abriga, orienta, perdoa. É o símbolo de ligações eternas, de presença constante, de perenidade.

Da mesma forma que a família pode ser considerada contexto de proteção para os indivíduos, muitas vezes ela se mostra como *contexto de risco*. Em algumas situações, estão presentes, no seio familiar, fatores de risco que comprometem o desenvolvimento psicossocial de seus membros. A existência de violência, abandono, desorganização familiar, abuso, negligência ou dificuldades financeiras que obstaculizam a subsistência das pessoas indica a necessidade de atenção especial.

FAMÍLIA	
CONTEXTO DE PROTEÇÃO	CONTEXTO DE RISCO
amparo, acolhimento, identificação social, socialização	abandono
flexibilidade para acolher mudanças	rigidez que impede transformações
papéis sociais definidos	desorganização familiar
expressão do afeto positivo, carinho, proteção	abuso, violência, negligência
subsistência: satisfação das necessidades básicas	dificuldades financeiras, dependência de instituições

Esse quadro ilustra a diferença qualitativa que um aspecto pode oferecer para o desenvolvimento dos membros da família. Os pais que conseguem ser responsáveis por seus filhos e constroem um ambiente de segurança, amparo e boa socialização estão proporcionando um contexto de proteção. O inverso disso, que é o abandono, a negligência, a violência como autoridade, a desorganização de regras de convivência, o abuso de poder, constitui-se no oferecimento de um contexto de risco.

COMO ESSES CONCEITOS PODEM NOS AJUDAR?

QUANDO ENTRAMOS EM UMA casa para fazer uma visita domiciliar, esse conhecimento pode nos ajudar a entender melhor como a família está se relacionando, por que as brigas se repetem, quem manda/quem quer mandar na casa, por que o filho adolescente está se rebelando ou por que as crianças menores ficam sem assistência. A percepção da família como um sistema inibe a tendência de culpar um ou outro pai e restabelece a compreensão de que todos os membros participam dos conflitos desempenhando diferentes funções. Não é tão complicado fazer essa leitura do conflito familiar, basta conversar com todos os membros, explorar esse bate-papo com perguntas pertinentes sobre a razão das brigas, observar como eles se tratam, como se olham, como se dirigem uns aos outros.

REFERÊNCIAS

COSTA, Liana Fortunato. "A perspectiva sistêmica para a clínica da família". *Psicologia: Teoria e Pesquisa*, v. 26, n. especial, 2010, p. 95-104. Disponível em: <www.scielo.br/pdf/ptp/v26nspe/a08v26ns.pdf>.

DANTAS, Cristina; JABLONSKI, Bernardo; FÉRES-CARNEIRO, Terezinha. "Paternidade: considerações sobre as relações pai-filhos após a separação conjugal". *Paideia*, v. 14, n. 29, 2004, p. 347-57. Disponível em: <www.scielo.br/pdf/paideia/v14n29/10.pdf>.

KRÜGER, Liara Lopes; WERLANG, Bianca S. Guevara. "O genograma como recurso no espaço conversacional terapêutico". *Avaliação Psicológica*, v. 7, n. 3, 2008, p. 415-26. Disponível em: <pepsic.bvsalud.org/pdf/avp/v7n3/v7n3a13.pdf>.

MACHADO, Heloisa Beatriz *et al*. "Identificação de riscos na família a partir do genograma". *Família, Saúde e Desenvolvimento*, v. 7, n. 2, 2005, p. 149-57. Disponível em: <ojs.c3sl.ufpr.br/ojs-2.2.4/index.php/refased/article/view/8042/5665>.

MINUCHIN, Salvador. *Famílias: funcionamento e tratamento*. Porto Alegre: Artes Médicas, 1982.

MINUCHIN, Salvador; COLAPINTO, Jorge; MINUCHIN, Patricia. *Trabalhando com famílias pobres*. Porto Alegre: Artes Médicas, 1999.

PENSO, Maria Aparecida; COSTA, Liana F. (orgs.). *A transmissão geracional em diferentes contextos*. São Paulo: Summus, 2008.

PEREIRA, Amada P. de Souza *et al*. "O genograma e o ecomapa no cuidado de enfermagem em saúde da família". *Revista Brasileira de Enfermagem*, Brasília, v. 62, n. 3, 2009, p. 407-16. Disponível em: <www.scielo.br/pdf/reben/v62n3/12.pdf>.

PRATTA, Elisângela M. Machado; SANTOS, Manoel Antonio dos. "Família e adolescência: a influência do contexto familiar no desenvolvimento psicológico de seus membros". *Psicologia em Estudo*, Maringá, v. 12, n. 2, maio/ago. 2007, p. 247-56. Disponível em: <www.scielo.br/pdf/pe/v12n2/v12n2a05.pdf>.

5 Nossa família e a família dos outros

Ceneide Maria de Oliveira Cerveny

Sonia Maria de Oliveira

QUANDO NOS PROPOMOS A falar sobre família, em primeiro lugar devemo-nos perguntar para qual público vamos nos dirigir e qual o entendimento dele sobre esse tema, pois as formas como as famílias se apresentam na atualidade variam bastante. Muito embora sejam diversas as composições de família, a que mais conhecemos é a nossa própria, pois retrata onde fomos cuidados, educados e, acima de tudo, onde aprendemos os valores que norteiam nossa vida. Tal pertencimento nos torna, no entanto, *experts* em um único modelo, ou seja, em geral, só conseguimos distinguir esse grupo como a genuína configuração familiar. Porém, algumas vezes, nosso próprio estar no mundo, nosso trabalho, os inesperados rumos que tomam nossas vidas em determinados momentos nos levam a ampliar nossa visão de mundo e a conviver com diferentes formas de viver em família.

A FAMÍLIA HOJE

QUAL É A FAMÍLIA ideal? Essa é a primeira pergunta que não quer calar, principalmente no que diz respeito aos filhos que, para se desenvolver e crescer de modo saudável, necessitam de uma família que cuide de suas necessidades básicas, que os ensine, oriente e lhes dê modelos que sirvam como pegadas no caminho rumo ao ser gente grande, passando pela adolescência sem desviar da rota mais ou menos traçada pelas gerações anteriores. Onde estão as famílias ideais? Melhor ainda, onde estão as famílias? O que aconteceu com elas? Elas estão tão diferentes que, às vezes, tendemos até a dizer que não existem mais, pelo menos da forma como convencionalmente as conhecíamos. Definitivamente, a família mudou! Portanto, necessitamos mudar nosso modo de enxergá-la, senão correremos o risco de nos perder em nossas percepções e análises sobre ela. Se perguntarmos a várias pessoas o que entendem por família, obteremos respostas diferentes. Algumas dirão que família é o conjunto de indivíduos que têm o mesmo sangue; outras, que são os indivíduos que moram numa mesma casa. Algumas consideram os amigos mais chegados, os compadres, parte da família. E você? O que entende por família? Qual é sua definição sobre ela? É muito importante conhecer a própria opinião para depois ampliá-la.

De modo geral, a *família imaginada* é aquela em que as pessoas, além de estar ligadas pelos laços de sangue, com pais e filhos morando numa mesma casa, se relacionam bem, se protegem e se sustentam financeiramente. Porém, essas famílias estão cada vez mais difíceis de ser encontradas na prática. Você conhece alguma? Pense em seus relacionamentos e liste com quantas famílias você convive e quais têm esse padrão.

Heloisa Szymanski (2005), pesquisadora das relações familiares, nos auxilia com uma contribuição importante, apontando que temos a família *pensada* e a família *vivida*. A primeira é aquela ideal, que parece não ter problemas, a família das propagandas de televisão e de revistas. É aquela formada por pai, mãe, filhos, às vezes vovô e vovó, com cachorro, papagaio e periquito... sempre sorrindo felizes, em lugares bonitos ou em volta da mesa com muita comida. É a família idealizada, romantizada, que nos deixa com uma ideia falsa de que todas deveriam ser assim – e, se não forem, não poderão ser felizes.

A família vivida é aquela que encontramos no dia a dia, às vezes constituída de uma avó e seu netos, de um pai e seu(s) filho(s), de um casal sem filhos ou de três gerações vivendo juntas. Independentemente da configuração familiar assumida por essas pessoas, trata-se da família de cada um, em que podem estar alegre em alguns momentos, desentender-se em outros e, às vezes, nem se falar e acabar por interromper relações.

Compondo o enorme rol de configurações que uma família pode assumir, existem, também, aquelas que são formadas somente por duas pessoas unidas por adoção; as muito grandes, com vários membros vivendo num mesmo local; as famílias separadas; as famílias sem dinheiro e com muitos filhos; as famílias com muito dinheiro e nenhum filho; aquelas em que animais são tratados como filhos biológicos; outras em que o casal nem sempre é formado por um homem e uma mulher, mas por pessoas de mesmo sexo.

Enfim, as famílias estão muito diferentes nos dias de hoje, e podemos afirmar que existem muitas maneiras – todas corretas – de constituir uma família. O mundo mudou e, se você observar, as novidades estão presentes em praticamente todas as áreas da vida. Diferentes modismos passam por nós, atropelando-nos. A velocidade com que os eventos da vida transcorrem nos surpreende; nem bem assimilamos uma mudança, logo aparece outra.

A família diferente, portanto, já não causa tanto espanto; o que se observa é mais a curiosidade sobre como as pessoas convivem no interior de determinado padrão familiar. O que nos inquieta com relação às dificuldades e facilidades presentes num jeito específico de ser família? Em que situações uma configuração familiar diferente pode ser útil? Como algumas dessas famílias resolvem as questões de sobrevivência, com tantos problemas e com tão poucos recursos? Muitas são as perguntas a ser feitas para conhecer certos grupos familiares, compreender como vivem e que significados dão a cada coisa que lhes acontece. Algo, porém, é ponto pacífico: é possível descrever as diferentes configurações de família da atualidade, mas já não dá para classificá-las, pois cada família tem seu potencial específico, constituído por sua própria experiência. O interessante disso é aceitar que não há mais um único jeito de ser família, e que, à parte de sua configuração, existem os laços de união, como o amor, a possibilidade de proteção e, sobretudo, de favorecer o crescimento para todos.

NOVAS CONFIGURAÇÕES DA FAMÍLIA

Nessas novas configurações familiares, porém, determinadas estruturas ainda persistem, como muito bem nos aponta a psicóloga Cristiane Berthoud em sua pesquisa *Ressignificando a parentalidade* (2002). Segundo essa autora, os bebês requerem ser *cuidados* pelos pais ou substitutos, o que significa alimentá-los, protegê-los dos perigos para garantir-lhes a sobrevivência com saúde e felicidade. Já as crianças a partir de 5, 6 anos precisam ser *ensinadas* sobre as regras, os limites, os valores, principalmente porque é nessa idade que elas começam a conviver na escola com outras crianças. Com os adolescentes, por sua vez, é o *orientar* que entra em cena, pois não querem mais ser cuidados.

As famílias com baixa renda são as que, em geral, transitam pelos serviços de assistência social em busca de ajuda para essa tarefa de educar e proteger os filhos – às vezes, em uma busca consentida e voluntária impelida por necessidades múltiplas; outras vezes, porque são intimadas pelo poder público a fim de cumprir a proteção básica de seus filhos. Por muito tempo, essas famílias foram entendidas como incapazes de criar seus filhos, por serem materialmente desamparadas. Fato que, felizmente, vem sendo superado com o auxílio de novas leis (por exemplo, o Estatuto da Criança e do Adolescente, ECA, e a Lei Orgânica da Assistência Social, Loas), bem como por toda a valorização do cidadão no campo da assistência social. Ser entendido e atendido nos serviços públicos como um sujeito de direitos faz toda a diferença. Assim, a família não apenas superou a condição de marginalizada por sua carência material, como também teve valorizados seus saberes cultural e histórico, num resgate da cidadania.

Vulneráveis é o nome correto e mais justo para definir famílias que têm múltiplas necessidades, que incluem as carências materiais e também a falta de instrução, de informações e de acesso a bens e serviços, o que no conjunto prejudica o cumprimento de suas funções de proteção básica a seus entes queridos. O importante em uma família, seja ela de que tipo for, é que haja afetividade no convívio, respeito ao direito dos idosos e das crianças, convivência com as regras básicas de obediência às fronteiras das idades. Com esse pré-requisito, ou seja, com a afetividade permeando as relações, talvez nos tenhamos aproximado do que seja uma família ideal. A afetividade se desenvolve por intermédio do diálogo. Sabemos quão difícil é conviver, situação que, às vezes, gera afetos negativos, conflitos; é a busca de saída para esses casos que ocasiona o crescimento. Resumindo: família sem conflito não existe, e somente com o diálogo são resolvidos os problemas.

Pensar sobre o que sentimos nos ensina sobre nós mesmos, o que facilita desenvolver a sensibilidade para compreender o outro. Valorizando esse pensamento, a psicóloga Maria José Esteves de Vasconcellos (2008) enfatiza que os valores *são* vividos e aprendidos por meio da convivência. É no convívio que atitudes e sentimentos são somados e, então, descobrem-se os afetos que circulam na relação entre os familiares.

Observa-se, então, que na família atual o mais importante não é ter resposta para tudo que perguntam os filhos, mas incentivar o diálogo, deixá-los falar de suas dúvidas e sobre os assuntos de seu mundo. As respostas? Nem sempre os adultos as têm, principalmente porque a criança de hoje pertence a um mundo em que se privilegiam as informações orientadas, em geral, para elas, tornando-as potencialmente "espertas" e, muitas vezes, deixando os adultos sem saber o que dizer.

APOIO À FAMÍLIA

Ser pai/mãe, hoje, é assumir uma postura diante dos problemas, é construir as respostas na conversa com outros pais que vivem as mesmas situações. Não existem fórmulas ou receitas, e sim questionamentos, direções e encaminhamentos que funcionam diferentemente para cada um. As conversas podem ser com os vizinhos, nos espaços comunitários, nas igrejas, nos Centro de Referência de Assistência Social (Cras), onde grupos se reúnem e se fortalecem, pois já se sabe, como no dito popular, que "várias cabeças pensam melhor e mais do que uma só".

João Laurentino Santos e Rosa Macedo (2008) constataram que a tarefa dos pais de formar valores nessas *novas* famílias depende de muita conversa, principalmente no caso daquelas que vivem em situação de vulnerabilidade social, o que significa ter de lidar com muitos problemas ao mesmo tempo. As novidades de um mundo globalizado e tecnologizado atingiram todas as famílias, independentemente do formato em que elas se enquadrem, quebraram as tradições e as certezas das quais os pais lançavam mão, e as colocaram num mar de reflexões. Esses pesquisadores constataram que, quando as famílias se reúnem e formulam suas perguntas, elas se enriquecem e se ajudam mutuamente na compreensão de sua tarefa de ser pais no contexto complexo em que vivem. Ou seja, é muito importante ter "[...] espaços que possibilitem fortalecer os laços comunitários, bem como desenvolver a reflexão e a transformação dos valores".

Falar de minha família com outras pessoas? Sim, essa é verdadeiramente uma tarefa necessária, mas leva tempo para ser assimilada, "pois da minha família só eu posso falar!". Você já deve ter ouvido isso, não é? E provavelmente já se sentiu ofendido(a) com comentários não autorizados por você a respeito de sua família. Isso acontece porque conversar sobre os problemas, e até sobre o jeito de cada um, é um trabalho habitualmente feito apenas entre os familiares.

As famílias parecem estar unidas por uma espécie de contrato psicológico familiar, de acordo com o qual se reconhecem como membros pelo jeito de fazer algumas coisas, de reagir a certas situações. Portanto, quem é da família se autoriza a falar sobre os defeitos de alguns de seus membros porque os vê como indivíduos que também têm qualidades e por quem nutre afeto.

Assim, percebe-se que os membros de uma família são leais de um modo quase cego e sem reflexão, reagindo diante das críticas e/ou denúncias. E essa é a delicada missão dos trabalhadores sociais: criar uma forma de falar com as famílias sobre os problemas de modo que elas consigam assimilar, sem repudiar, e passem a compartilhar suas histórias, em vez de se fechar e se esconder. As pessoas necessitam de um tempo para absorver suas dificuldades que, às vezes, de tão graves acabam por ser resolvidas pela intervenção de conselheiros tutelares. Pedir licença, demonstrar curiosidade pelo que funciona em determinada família, interessar-se por suas histórias familiares podem ser formas úteis de abrir caminho para a conversa mais difícil, aquela a respeito dos erros que precisam ser eliminados.

Aqueles que trabalham para garantir o cumprimento dos direitos das crianças e dos adolescentes, em qualquer das instâncias de poder, precisam estar cientes da complexidade de seu papel, pois o "olhar que cuida é o mesmo que denuncia", diz a psicóloga Sonia Maria Oliveira. Assim, saber conversar é fundamental quando se pretende proteger a criança, mediante o compreender e ajudar a família antes do estágio de ter de proteger as crianças de suas famílias" (Oliveira, 2010, p. 78).

AJUDA À FAMÍLIA QUE AJUDA

Os ADULTOS (PAIS E/OU cuidadores) também precisam de orientação, cuidados e encaminhamentos, pois muitos deles nunca os receberam em sua infância e adolescência. Sabe-se que, em função

LIANA FORTUNATO COSTA, MARIA APARECIDA PENSO
E MARIA INÊS GANDOLFO CONCEIÇÃO (ORGS.)

dos padrões relacionais usuais de cada família, algumas condutas se repetem ao longo de várias gerações. Padrões de miséria, violência e abandono também são transmitidos, e provavelmente muitos desses pais também foram filhos negligenciados e maltratados. Embora seja papel do Conselho Tutelar proteger as crianças e os adolescentes, sabe-se, na prática, que vamos deparar com reincidências se não cuidarmos um pouco dos adultos responsáveis pelas crianças. Você já observou que várias gerações de uma mesma família apresentam problemas semelhantes? Como ajudar uma família socialmente vulnerável que enfrenta muitos problemas? Quais medidas urgentes precisariam ser tomadas? Recorrer àqueles que são "como se fossem da família" pode ser uma saída. Mas sobre o que estamos falando? Estamo-nos referindo à recém-nomeada configuração familiar, a *família credenciada* (Cerveny e Picosque, 2004) – aquelas pessoas que, apesar de não terem parentesco, são consideradas da família. É o caso de amigos mais íntimos, das pessoas que ajudam em situações diversas e com as quais se pode contar.

Em algumas ocasiões, a família está tão sozinha, sem parentes ou amigos, que é necessário *acionar a rede social*. Nessa busca, a família deve incluir os vizinhos, os irmãos de fé religiosa, os padrinhos de batismo ou sociais, os agentes de pastoral social religiosa, ou seja, solicitar o auxílio de quem possa ajudá-la a organizar seu cotidiano de múltiplas necessidades, tais como controlar a medicação, pajear uma criança, ensinar uma atividade doméstica ou vigiar os cuidados dispensados a um bebê.

A rede social é importante, hoje em dia, quando as famílias estão mais isoladas, longe de sua origem, pois os conhecidos, os amigos, os vizinhos ou os trabalhadores sociais podem ser os parceiros para certas situações da vida. Os membros dessa rede são os interlocutores que podem debater algum assunto antes que a violência entre em cena, ou se tome uma decisão drástica. São aqueles que cuidam das crianças, por exemplo, num momento de crise do casal ou num episódio de alcoolismo dos cuidadores. Os problemas são muitos e nem seria necessário citá--los, mas é relevante reconhecer que nunca se precisou tanto estabelecer laços com pessoas e/ou equipamentos sociais que ajudem no dia a dia da família, para que não seja necessária a intervenção do Estado e para que não se chegue a ponto de ter os filhos recolhidos e os laços familiares rompidos.

A conversa, aqui, parece conduzir para o tema da convivência solidária, que significa precisar da ajuda e também auxiliar aqueles que vivem em seu entorno, e assim exercitar a troca, a ajuda mútua, que é o ingrediente fundamental das relações humanas na construção do mundo para as gerações futuras.

REFERÊNCIAS

BERTHOUD, Cristiane Mercadante (ed.). *Ressignificando a parentalidade.* Taubaté: Editora Universitária, 2002 (Coleção Assuntos de Família, 1).

CERVENY, Ceneide M. Oliveira; PICOSQUE, Gilberto. *O genograma da família credenciada.* Trabalho apresentado no VI Congresso Brasileiro de Terapia Familiar. Florianópolis, SC, 2004.

MACEDO, Rosa M. Stefanini; SANTOS, João Laurentino. "Valores familiares e educação dos filhos na contemporaneidade". In: MACEDO, Rosa M. Stefanini (org.). *Terapia familiar no Brasil na última década.* São Paulo: Roca, 2008. p. 169-79.

OLIVEIRA, Sonia Maria. "Grupos de famílias em instituições: recurso útil para as famílias e para os profissionais". *Nova Perspectiva Sistêmica,* v. 37, 2010, p. 71-9.

STAMM, Maristela; MIOTO, Regina C. Tamaso. "Família e cuidado: uma leitura para além do óbvio". *Ciência, Cuidado e Saúde,* Maringá, v. 2, n. 2, jul./dez. 2003, p. 161-8. Disponível em: <eduemojs.uem.br/ojs/index.php/CiencCuidSaude/article/view/5539/3521>.

SZYMANSKI, Heloisa. "Teorias e 'teorias' de famílias". In: CARVALHO, Maria. C. B. (org.). *A família contemporânea em debate.* São Paulo: Educ/Cortez, 2005, p. 23-27.

VASCONCELLOS, Maria J. Esteves de. "Valores na contemporaneidade da família brasileira: crise?" In: MACEDO, Rosa M. Stefanini (org.). *Terapia familiar no Brasil na última década.* São Paulo: Roca, 2008. p. 2-5.

LIANA FORTUNATO COSTA, MARIA APARECIDA PENSO
E MARIA INÊS GANDOLFO CONCEIÇÃO (ORGS.)

WAGNER, Adriana *et al.* "Compartilhar tarefas? Papéis e funções de pai e mãe na família contemporânea". *Psicologia: teoria e Pesquisa,* Brasília, v. 21, n. 2, maio/ago. 2005, p. 181-6. Disponível em: <www.scielo.br/pdf/ptp/v21n2/a08v21n2.pdf>

ZANETTI, Sandra A. Serra; GOMES, Isabel Cristina. "A ausência do princípio de autoridade na família contemporânea brasileira". *Psico,* Porto Alegre, v. 40, n. 2, abr./jun. 2009, p. 194-201. Disponível em: <revistaseletronicas.pucrs.br/ojs/index.php/revistapsico/article/view-File/3726/4532>.

6 Diferentes olhares para a família de crianças e adolescentes

Sheila Regina de Camargo Martins

PARA ABORDAR O TEMA da família, é preciso destacar qual análise, entre as muitas concepções de família, será conduzida. Em geral, a ideia de família remete à experiência de cada um e costuma estar ancorada na experiência de viver, crescer no seio de uma família específica e ter contato com outras.

CONCEPÇÕES DE FAMÍLIA

ASSIM, AS CONVICÇÕES SOBRE como são ou como deveriam ser as famílias sofrem influências de uma longa experiência em pertencer a um grupo familiar e se relacionar com diferentes famílias – dos amigos, parentes por afinidade, vizinhos, enfim, com um grande número de exemplos que guiam as noções de cada um sobre esse importante e especial grupo social. O que significa dizer que a avaliação sobre o tema tende a ser influenciada por sentimentos e emoções, remetendo tais experiências a origens diferentes em cada pessoa.

Por outro lado, os estudos sobre essa instituição social são promovidos por diferentes áreas do conhecimento. Cada uma delas analisa questões específicas, mas todas concordam que não existe um modelo de família universal e destacam o seu papel fundamental para oferecer apoio e proteção a seus membros.

Mas, então, por que é importante discutir o assunto com os conselheiros tutelares? Uma primeira justificativa é que a instituição família encontra hoje posição central nas políticas públicas na área da assistência social, da saúde e, em especial, de defesa dos direitos das crianças e dos adolescentes. A eleição da família nessa posição destacada das políticas públicas é justificada pelo reconhecimento da importância desse grupo social para o desenvolvimento de cuidados e proteção de seus membros ao longo de todo o ciclo de vida.

Diante do dever do Estado e da sociedade, como um todo, de reverter a situação de vulnerabilidade em que se encontram muitas pessoas, é necessário garantir as condições materiais e relacionais para que todos possam viver com dignidade e qualidade. O fortalecimento dos vínculos familiares e comunitários, nesse cenário, pode colaborar para a elevação dos níveis de autonomia e de autoestima (empoderamento) da população, desde que ocorram o estímulo e a valorização dos conhecimentos e habilidades culturais e locais. Outra razão pode ser atribuída à necessidade de promoção, proteção e defesa do direito das crianças e dos adolescentes de conviver segura e sadiamente com uma família e manter contato com os recursos da comunidade.

Quando se fala dos problemas dos jovens, a família é muito lembrada. Avaliações diferentes, contudo, são realizadas: a família pode ser vista como recurso capaz de colaborar com seu desenvolvimento, mas também como responsável pelos fracassos que ocorrem. Importante, ainda, quando se pensa em família, é a discussão sobre como as mudanças sociais e culturais interferem na forma como as pessoas vivem, constituem famílias e exercem os papéis familiares; e como isso modifica as relações das pessoas e famílias com outras instituições sociais – trabalho, de lazer, vizinhança.

Mudanças profundas são observadas na estrutura, nas funções e na dinâmica relacional. Em relação às configurações, encontram-se atualmente várias composições: grupos formados por laços consanguíneos, relações formais e não formalizadas, família conjugal, família extensa, família monoparental e núcleo doméstico. Ocorre também uma tendência ao casamento mais tardio, com clara diminuição do número de filhos. A decisão de ter o primeiro filho está sendo adiada ou acontece precocemente. Está aumentando o número de mulheres que decidem não ter filhos, principalmente nas famílias de classe média e naquelas que podem investir na qualificação para o futuro profissional. Além disso, cresce o número de divórcios e recasamentos, formando famílias compostas de filhos de várias uniões, bem como o de famílias monoparentais (filhos convivendo com só um dos pais), chefiadas principalmente pelas mulheres, de famílias constituídas por membros de diferentes gerações (pais, filhos e avós) e de casais homossexuais, com ou sem filhos.

O EXERCÍCIO DE PAPÉIS NA FAMÍLIA

E ESTUDOS RECENTES ESCLARECEM que, ao contrário do que se conhecia, no Brasil sempre existiram diferentes formas de organização familiar. O que parece distinguir as novas das remotas famílias é a crescente inserção das mulheres no campo do trabalho e suas expectativas em investir na carreira profissional. Essa mudança tem implicações enormes no desempenho e na execução das funções familiares. Isso porque tradicionalmente se espera que as mulheres exerçam, com qualidade, a maioria das tarefas na família. As mulheres, notadamente as mães, acumulam um grande número de atribuições no núcleo doméstico.

A despeito de tantas expectativas destinadas a esse grupo – que se costuma esperar que sejam lideradas pela dedicação da mulher-mãe –, as análises em geral centram-se apenas no grupo observado e não no fato de a família pertencer a um contexto socioeconômico, histórico e cultural. Isto é, seu papel central no crescimento, na formação, na educação e socialização das crianças é aceito. O que, em geral, não é considerado com a mesma importância é como ela recebe apoio para executar tarefas tão relevantes para a sociedade, e quais pressões dificultam a realização de tais encargos.

É importante, também, verificar qual é a compreensão dos profissionais sobre esse grupo social. As famílias são alvo de preconceitos repetidos com frequência na mídia, nos serviços de atendimento e até na literatura especializada. Vários estudiosos de família salientam o cuidado que deve ser tomado com descrições de famílias que não correspondem aos ideais tradicionais de uma família. No centro da discussão, encontram-se correntes que insistem na defesa da manutenção de um modelo de família idealizado e dificilmente atingido na vida concreta das pessoas.

Persiste a crença de que o modelo nuclear deve continuar a nortear a configuração e o funcionamento das famílias, inclusive daquelas que enfrentam muitas dificuldades para desempenhar suas funções. Nem sempre possível de ser vivido ou sustentado, esse modelo caracteriza-se por ser uma referência com a qual as famílias se comparam. Não conseguir viver de acordo com o que é esperado pode conduzir à baixa autoestima e, mais grave ainda, à desesperança.

MODELOS DE FAMÍLIA

A antropóloga Cláudia Fonseca (2005) comenta que são poucas as famílias que podem realmente viver conforme o modelo ideal de família burguesa. Acrescenta, ainda, que as pessoas costumam descrever situações semelhantes de forma diferente, de acordo com o nível socioeconômico das famílias. Por exemplo, a gravidez de uma jovem solteira, quando ocorre em famílias abastadas ou expostas a situações graves de vulnerabilidade social, é explicada de duas formas diferentes – em uma, fala-se que houve a decisão de "produção independente", ao passo que em outra a preocupação é com a "falta de controle da natalidade". A autora argumenta que as lentes "classistas" são utilizadas para descrever comportamentos parecidos.

Tempos atrás, havia diferenciação das famílias entre "regulares" e "não regulares". Ao longo da história, as famílias de classes populares brasileiras eram descritas de forma que se fazia relação

ABORDAGEM À FAMÍLIA NO CONTEXTO DO CONSELHO TUTELAR

entre pobreza e "família irregular". A visão classista foi modificada. Segundo o Estatuto da Criança e do Adolescente, por se encontrarem em fase especial de desenvolvimento, os jovens necessitam de cuidados e proteção contínuos, assim como de segurança para a construção dos vínculos e conexões com adultos significativos, com os quais vão construir uma relação de confiança, reciprocidade, lealdade e mutualidade.

O direito à convivência familiar garante que a falta de recursos materiais não pode mais justificar o rompimento dos vínculos familiares. O ECA reconhece a importância desses vínculos e recomenda que a medida de proteção com a retirada dos jovens de suas famílias seja uma das últimas alternativas a ser utilizadas. Ela deve ser evitada e, quando necessária, muito breve e sempre acompanhada de imediata inclusão da família em programas de atendimento, de modo que sejam realizados todos os esforços para que os vínculos familiares sejam preservados.

Na prática, a medida de acolhimento institucional ainda é aplicada com maior frequência do que se recomenda, e isso parece refletir a tradição asilar historicamente justificada pelo aspecto valorativo segundo o qual as famílias anteriormente descritas como "regulares" eram diferenciadas daquelas "irregulares". Sem dúvida, em situações de risco, a proteção da integridade física, moral e psicológica das pessoas deve ser atendida com urgência e prioridade absoluta. Estudiosos e terapeutas de família salientam, contudo, que, se ao proteger os jovens os profissionais não oferecem apoio também à família, colaboram para o abandono desses jovens, cujos vínculos familiares correm o risco de ser rompidos no processo. Além das preocupações com o processo de desfiliação dos jovens, devem-se considerar os efeitos prejudiciais decorrentes de sua permanência prolongada nas instituições: repercussões negativas sobre a construção da identidade e a capacidade de autonomia; redução do nível médio de escolaridade; inclusão em subempregos na vida adulta; inclusão nas estatísticas de mortalidade precoce ou de criminalidade.

O ECA garantiu o direito à convivência familiar, com prioridade para a família de origem ou, ante sua impossibilidade, colocação dos jovens nas famílias extensas e, excepcionalmente, nas acolhedoras ou substitutas. Previu, também, o encaminhamento das famílias para programas de atendimento, visando garantir as condições materiais e relacionais para que possam cumprir suas funções. Todas as famílias podem oferecer aos seus membros as condições para que cresçam e se desenvolvam adequadamente, mas a família de origem, ou aquela com quem a criança ou o adolescente precocemente conviveu, possui significado afetivo e emocional primordial na formação de sua identidade, na construção de vínculos e na transmissão das habilidades sociais.

Essa capacidade não está relacionada com um modelo ideal de família. A valorização da "estrutura familiar" foi deslocada para a consideração da capacidade da família de exercer as funções de cuidado e socialização dos seus filhos. Então, a concepção de "desestruturação familiar" não deve nortear as decisões, pois as funções de educação e proteção podem ser exercidas nos mais diversos arranjos familiares, sejam eles formados por uniões formais, informais, consanguíneas ou não. O importante é que seus membros desempenhem papéis de apoio mútuo e de cuidado das crianças, dos doentes e dos idosos que pertencem ao grupo. A concepção de que o modelo tradicional de família nuclear é o único "certo" foi, portanto, modificada. O que se considera na situação é o compromisso e o vínculo entre os familiares.

Há o reconhecimento da importância dos laços de filiação que são construídos pela lealdade familiar, isto é, pelos sentimentos de conexão e pertencimento que definem expectativas de compromisso e solidariedade mútuos e podem ser expressos por diferentes modos de cuidado nas relações familiares. A forma particular que esses cuidados assumem pode ser observada nos diversos comportamentos valorizados em cada grupo. Há famílias em que o estudo tem prioridade; em outras, a organização dos pertences é mais relevante. Em certas famílias, a expressão dos cuidados consiste em ensinar a independência, ao passo que a união familiar é valorizada por outros grupos. Não há, portanto, uma forma de cuidar que possa ser considerada a melhor. O importante é descobrir, valorizar e ampliar o modo como cada família ajuda seus membros a sentir-se seguros e protegidos. Observar que cada grupo possui sua própria forma de demonstrar os sentimentos colabora para reduzir os preconceitos contra as famílias, em especial as de camadas populares.

A persistência em valorizar os modelos tradicionais de família pode sugerir que as dificuldades que as pessoas enfrentam são problemas só delas, e não das condições sociais em que vivem. Segundo terapeutas familiares como Salvador Minuchin, Jorge Colapinto e Patricia Minuchin (1999), isso contribui para o estabelecimento de uma relação de dependência com os serviços da assistência social. Essa posição não permite às pessoas "escrever suas próprias histórias", isto é, controlar seu destino com autonomia e segurança. Assim dependentes, seus laços emocionais positivos e seus recursos dificilmente são reconhecidos, e a estrutura de autoridade que já se mostrava irregular pode desaparecer. A preocupação é também com o fato de que os jovens podem aprender precocemente que os adultos da família não têm poder.

Na maioria das vezes, a intervenção das autoridades é necessária e guiada por motivações amplamente justificadas com base na defesa e proteção dos direitos das crianças e dos adolescentes. É preciso, contudo, analisar cada situação com cuidado. Por exemplo, a violência na família em geral faz parte de uma tradição cultural patriarcal e autoritária, não podendo ser considerada fruto apenas de uma família pouco adaptada. É frequente que a violência seja aprendida pelos pais por meio da experiência em sua própria família de origem, assim como aceita por sua comunidade; mas ela também pode ser provocada por intervenções sociais drásticas.

A situação foi por muito tempo tolerada, por ser considerada um "assunto de família" e, portanto, algo privado. A complexidade envolvida na análise das situações de violência intrafamiliar requer a con-

LIANA FORTUNATO COSTA, MARIA APARECIDA PENSO
E MARIA INÊS GANDOLFO CONCEIÇÃO (ORGS.)

sideração da violência contextual a que essas famílias estão expostas, marcada por questões difíceis, como desnutrição, criminalização da pobreza, expulsão dos jovens do sistema escolar, entre outras.

PROTEÇÃO À FAMÍLIA

A MUDANÇA NESSE CENÁRIO é um dos objetivos e desafios do Plano Nacional de Promoção, Proteção e Defesa do Direito da Criança e do Adolescente à Convivência Familiar e Comunitária. Visa modificar o contexto por meio da adoção de políticas destinadas à inclusão das famílias em programas sociais, pois, como afirma a psicóloga Heloísa Szymanski (2001, p. 54), "[...] a condição subumana de sobrevivência é o primeiro elo de uma cadeia de aviltamentos dos direitos humanos".

O Plano pretende, também, mudar a tradição de "culpabilização das vítimas" pelos seus problemas, tais como: dificuldades financeiras, problemas de relacionamento familiar, agravados pelo alcoolismo e pela drogadição, desemprego, condições precárias de trabalho e renda ou mesmo situação de doença grave. O empenho em modificar um modelo de "educação" que inclui o uso da violência precisa prever o oferecimento de oportunidade para que a família possa desenvolver métodos de socialização mais adequados aos seus filhos.

Para trabalhar com esses objetivos, além do atendimento às situações sociais e econômicas das famílias, o relacionamento dos profissionais com os familiares ganha destaque. Precisa ser de confiança mútua e de compreensão das dificuldades que a família enfrenta. Não basta a aplicação de uma medida punitiva de responsabilização que transmita *apenas* a mensagem de que os membros da família agiram de forma socialmente reprovável.

Mudanças positivas só podem ser obtidas quando as famílias sabem que são respeitadas e apoiadas para modificar métodos de educação e cuidado. Mas, como preconceitos são muito difíceis

ABORDAGEM À FAMÍLIA NO CONTEXTO DO CONSELHO TUTELAR

de ser superados, verifica-se que, apesar de as políticas públicas terem sido elaboradas para proteger as famílias, em especial as que enfrentam vulnerabilidades, os profissionais continuam, na prática, culpando-as por seus infortúnios. Em uma pesquisa realizada por Yunes, Mendes e Albuquerque (2005), por exemplo, sobre as ideias, crenças e percepções dos agentes comunitários de saúde acerca dos recursos (resiliência) das famílias monoparentais, os autores verificaram que prevaleceu a descrição das famílias pobres como carentes, desestruturadas e acomodadas à pobreza.

O conceito de resiliência refere-se à capacidade de todas as pessoas, famílias e grupos para enfrentar situações difíceis de forma criativa e positiva, tornando-se assim mais confiantes e capazes de lidar com as futuras adversidades. Os profissionais podem colaborar para que as famílias utilizem seus recursos (resiliência), observando, além das atitudes reprováveis, os comportamentos que demonstram capacidade de autonomia e respeito aos direitos de todas as pessoas. Como salientam Yunes, Mendes e Albuquerque (2005, p. 31):

> Os profissionais sociais não podem desconsiderar a difícil trajetória política e social dessas pessoas ao longo de um caminho de pobreza de oportunidades que vem de gerações anteriores. Reconhecer as reais dificuldades vivenciadas historicamente por essas famílias significa estabelecer uma relação empática e genuína capaz de gerar o desenvolvimento de uma identidade positiva e a consciência transformadora nesses grupos.

As políticas públicas, anteriormente, eram orientadas por uma visão de que as pessoas em estado de pobreza eram responsáveis pela própria situação. Depois, o "julgamento" da criança como portadora de tendências criminais migrou para a responsabilização da família pelas dificuldades de seus filhos. Autores como Salvador Minuchin, Jorge Colapinto e Patricia Minuchin (1999) observam que as atitudes sociais baseadas em uma visão fortemente moralista em relação às famílias pobres não oferecem oportunidade para que estas sejam consideradas também "parte das soluções".

LIANA FORTUNATO COSTA, MARIA APARECIDA PENSO
E MARIA INÊS GANDOLFO CONCEIÇÃO (ORGS.)

A divulgação da ideia de que as mudanças na "estrutura familiar" – daquela julgada ideal para a real – seriam responsáveis pelos problemas sociais pode distorcer a análise que inclui a consideração da elevada desigualdade social em nosso país. A observação de que crianças e adolescentes de famílias abastadas que seguem o modelo nuclear também podem apresentar dificuldades, como ocorreu, por exemplo, com os jovens que protagonizaram abusos contra um índio[1], solicita uma revisão nas lentes com que se analisa a situação.

A definição da família como fonte de afeto e nutrição emocional colabora para a dificuldade de aceitação do fato de que os conflitos e discordâncias fazem parte dos relacionamentos. Como todo grupo, a família enfrenta problemas e, no decorrer do tempo, seus membros precisam negociar, ganhar, perder e desenvolver uma forma própria de resolver conflitos em conformidade com as regras peculiares de seu grupo. Diante de situações difíceis, podem não obter as melhores soluções. Oferecer oportunidade para que possam desenvolver habilidades de resolução construtiva de conflitos cotidianos é, então, muito importante. Mais do que isso: é essencial ajudá-los a utilizar esses recursos. Essa é uma tarefa que pode contribuir efetivamente para que mudanças positivas ocorram no relacionamento da família.

Alguns comportamentos podem ser realmente reprováveis, devendo ser abordados de acordo com a sua gravidade. A questão que se discute é o risco de considerar que determinados comportamentos representam *todas* as possibilidades de relacionamento das pessoas ou grupos. Atitude que colabora para "cegar" os profissionais quanto aos recursos presentes ou potenciais no grupo familiar.

---

1. Em 20 de abril de 1997, cinco jovens de classe média – um deles adolescente – atearam fogo em um índio que dormia em um ponto de ônibus na cidade de Brasília (DF). De acordo com o que foi divulgado pela mídia, o índio teve 95% do corpo queimado e morreu no dia seguinte.

CONSIDERAÇÕES FINAIS

A MUDANÇA QUANTO à posição preconceituosa que considerava as famílias as únicas responsáveis pelo "fracasso" de seus membros *de forma alguma sugere que os adultos não devam ser responsabilizados pelas ações negligentes, violentas ou socialmente reprováveis no cumprimento de seus direitos e obrigações de família.* Traz à discussão, sim, *como* os procedimentos são conduzidos. Uma atitude responsável e comprometida com o futuro das crianças e dos adolescentes consiste em buscar compreender como as pessoas, de quem se esperam proteção e cuidados, chegam a essa situação.

Essa abordagem e esse comportamento colaboram para que o profissional, além de aplicar as medidas próprias de responsabilização, possa efetuar os encaminhamentos das famílias aos programas mais indicados. O objetivo é que as famílias sejam acolhidas, escutadas e percebam que os profissionais realmente se preocupam com seu bem-estar, sentindo-se, dessa forma, seguras e motivadas para participar dos encaminhamentos propostos. A intenção é que as intervenções contribuam tanto para a proteção imediata dos direitos das crianças e dos adolescentes quanto para a persistência desta ao longo do tempo.

A visão de que o "fracasso" da família está relacionado a seu contexto social, econômico e cultural revela a complexidade da situação, que deve, portanto, ser atendida por um conjunto de ações em muitas políticas públicas. Evidencia que algumas situações são realmente muito difíceis de ser conduzidas, requerendo, assim, o empenho de diversos profissionais muito bem preparados. É relevante destacar o fato de que todas as famílias possuem recursos e de que estes podem ser ativados e mais valorizados do que as crises, especialmente no contato com serviços empáticos, solidários e competentes.

LIANA FORTUNATO COSTA, MARIA APARECIDA PENSO
E MARIA INÊS GANDOLFO CONCEIÇÃO (ORGS.)

REFERÊNCIAS

CONSTANTINO, Elizabeth P. *Meninos institucionalizados: a construção de um caminho*. São Paulo: Arte & Ciência, 2000.

FONSECA, Claudia. "Concepções de família e práticas de intervenção: uma contribuição antropológica". *Saúde e Sociedade*, v. 14, n. 2, maio/ago. 2005, p. 50-9. Disponível em: <www.scielo.br/pdf/sausoc/v14n2/06.pdf>.

MINUCHIN, Patricia; COLAPINTO, Jorge; MINUCHIN, Salvador. *Trabalhando com famílias pobres*. Porto Alegre: Artes Médicas, 1999.

MOREIRA, Maria Ignez C.; BEDRAN, Paula Maria; CARELLOS, Soraia M. S. Dojas. "A família contemporânea brasileira em contexto de fragilidade social e os novos direitos da criança: desafios éticos". *Psicologia em Revista*, Belo Horizonte, v. 17, n. 1, abr. 2011, p. 161-80. Disponível em: <pepsic.bvsalud.org/pdf/per/v17n1/v17n1a12.pdf>.

NEDER, Gizlene. "Ajustando o foco das lentes: um novo olhar sobre a organização das famílias no Brasil". In: KALOUSTIAN, Silvio Manoug (org.). *Família brasileira: a base de tudo*. São Paulo: Cortez; Brasília: Unicef, 2002. p. 26-46.

SOUZA NETO, João. C. *Crianças e adolescentes abandonados: estratégias de sobrevivência*. São Paulo: Arte Impressa, 2001.

SZYMANSKI, Heloísa. *A relação família/escola: desafios e perspectivas*. Brasília: Plano, 2001.

_____. "Práticas educativas familiares: a família como foco de atenção psicoeducacional". *Revista Estudos de Psicologia*, Campinas, v. 21, n. 2, maio/ago. 2004, p. 5-16. Disponível em: <www.scielo.br/pdf/estpsi/v21n2/a01v21n2.pdf>.

SZYMANSKI, Heloísa; CURY, Vera Engler. "A pesquisa-intervenção em psicologia da educação e clínica: pesquisa e prática psicológica". *Estudos de Psicologia*, Natal, v. 9, n. 2, maio/ago. 2004, p. 355-64. Disponível em: <www.scielo.br/scielo.php?pid=S1413-294X2004000200018&script=sci_arttext>.

WEBER, Lidia N. D.; KOSSOBUDZKI, Lúcia H. M. "Abandono e institucionalização de crianças no Paraná". In: FREIRE, Fernando (org.). *Abandono e adoção: contribuições para uma cultura da adoção*. Curitiba: Terre des Hommes, 1994. p. 31-46.

YUNES, Maria Angela M.; MENDES, Narjara F.; ALBUQUERQUE, Beatriz M. "Percepções e crenças de agentes comunitários de saúde sobre resiliência em famílias monoparentais pobres". *Texto Contexto Enferm.*, Florianópolis, v. 14, n. especial, 2005, p. 24-31. Disponível em: <www.scielo.br/pdf/tce/v14nspe/a02v14nspe.pdf>.

7 Conselho Tutelar e intervenção de rede: estratégia de ação

Jéssica Helena Vaz Malaquias

Ao ANALISARMOS O CONSELHO Tutelar em suas intervenções com crianças e adolescentes violados em seus direitos, observamos a característica da complexidade. Ela não é, entretanto, um sinônimo para "complicado" ou "confuso". O conceito de complexidade é bastante discutido pelo sociólogo Edgar Morin (2010), que tem contribuído com um novo olhar para as realidades humanas que têm como característica a complexidade. Segundo esse pensador, reconhecer a complexidade é reconhecer que as realidades sociais estão recheadas de conexões entre os fenômenos e entre os sujeitos insertos em seus contextos.

Imaginemos, então, o número de conexões entre as famílias e as suas comunidades de pertencimento, entre essas famílias e as instituições de proteção social em suas comunidades... Quantos fenômenos estão conectados no contexto de famílias pobres, de famílias com crianças e adolescentes vítimas de violência! Todas essas interconexões presentes no contexto das famílias que recorrem à rede de atendimento e proteção devem ser compreendidas pela equipe do Conselho Tutelar. Assim, diante das primeiras ideias apresentadas nesse diálogo está

o reconhecimento de que realidades complexas pedem intervenções também complexas.

Atualmente, tem-se discutido acerca de um novo modelo de intervenção a ser apreendido pelos atores sociais que lidam cotidianamente com a violação de direitos, incluindo os conselheiros tutelares. Assim, as ferramentas teóricas e metodológicas com que temos dialogado propõem:

O QUE É UMA REDE?

VAMOS COMEÇAR PELAS DEFINIÇÕES dos termos "redes" e "redes sociais". O foco dos estudos das redes sociais não é apenas a família, uma instituição, a pessoa ou um grupo. O que se estuda são as inter-relações, os nós, as conexões e os vínculos que formam as redes. O termo "rede social" pode, então, ser entendido como um sistema aberto em construção e reconstrução dinâmicas em níveis individuais e coletivos. O conjunto formado pelas relações de um sujeito ou de um grupo é fonte de sentimento, de identidade, de constituição subjetiva, de competência e de ação. Estudiosos do serviço social definem "rede" como uma união de atores e/ou instituições que se mobilizam para uma ação conjunta, multifacetada e articulada. Ao se estruturarem nesse modelo, os serviços deixam de estabelecer relações hierarquizadas e passam a se conectar horizontalmente. Apresenta-se também a questão de que, ainda que a rede detenha muitos pontos, vários atores e serviços que a integram, é necessário que esses pontos mantenham o máximo de conexão, a fim de que tenhamos o desenho característico de uma rede.

Os estudos sobre redes sociais na Argentina (Saidón, 2002; Dabas, 2003, 2008, 2011) também contribuem para o nosso entendimento da realidade brasileira e suas instituições de garantia de direitos. Fala-se de uma configuração de rede social que implica um processo permanente de transformações individuais e coletivas em acontecimento simultâneo em múltiplos espaços por meio de uma interação constante, de um intercâmbio dinâmico e diverso entre os participantes de um grupo, seja este uma família, uma equipe de trabalho, uma vizinhança ou, ainda, uma organização. Mediante tantas interações, torna-se possível a potencialização dos recursos já existentes, bem como a criação de alternativas inovadoras. Também se sugere o princípio de que as redes existem antes de as intervenções poderem atingi-las, de tal forma que é preciso um movimento inicial de visualizar as atuais vinculações. Uma vez visualizadas, elas podem ser potencializadas, fortalecidas e desenvolvidas com a ação dos profissionais envolvidos.

Há, ainda, a perspectiva de rede social como um conjunto de relações estabelecidas pelos sujeitos, subdivididas em dois níveis. O primeiro nível explicita as redes primárias, que são formadas pelos laços familiares, pelas relações de amizade, de vizinhança, de trabalho. No nível secundário, as redes sociais seriam constituídas dos laços que os sujeitos estabelecem com as instituições, as organizações do Estado e do terceiro setor.

Ao salientarmos a importância das relações e dos vínculos para a compreensão das problemáticas psicossociais e posterior intervenção, reconhecemos o campo relacional como lugar dialógico em que ocorrem trocas e compartilhamento de experiências. Nesse contexto, as redes de apoio são favorecidas, na medida em que gestam os vínculos de ajuda necessários à família em situação de violência.

EU, ATOR SOCIAL, FAÇO PARTE DA REDE DE ATENDIMENTO E PROTEÇÃO?

O CONSELHEIRO TUTELAR DEVE se considerar parte do sistema de proteção junto com a família. O ator da rede é alguém que se insere na dinâmica familiar e contribui ativamente para as mudanças e reconfigurações do sistema. Ele não deve se sentir alheio ao que acontece. O atendimento sistêmico à família, que se embasa no pensamento sistêmico do novo paradigmático tal como o aceitamos, permite a esse profissional entender que faz parte do sistema terapêutico junto com o cliente. Quando falamos da participação do profissional, isso pode incluir também a equipe de que faz parte, a instituição.

A ação de um operador deve se concretizar com base nas relações presentes em seu contexto de trabalho e nas formas de resposta existentes dentro das próprias redes, em um resgate do sentido profundo das circunstâncias. Vê-se envolvido não mais apenas com a família, mas com todo o sistema constituído pelo problema – formado por aqueles que mantêm uma experiência comum que os une por uma rede comunicacional. Aí se faz preciso que a formação englobe o trabalho com redes sociais, com a comunidade, com as políticas públicas.

COMO INTERVIR EM REDE?

Destacamos os principais pontos, como diretrizes para as intervenções coletivas em rede:

1 **Pensar em rede:** Primeiro, é preciso reconhecer que nossa maneira de pensar e de conhecer os processos das realidades familiar e comunitária ainda obedece a um modelo causal e linear. Não pensamos sistemicamente; por isso, devemos aquecer essa forma de pensar tal como aquecemos nossos músculos para algum exercício físico. Caso não nos preparemos, corremos o risco de, mais cedo ou mais tarde, nos engajar em pensamentos mutilantes que nos conduzem a ações também mutilantes. Um exemplo do modo de pensar em rede é a compreensão de que

> os vínculos e as conexões entre famílias e instituições do Sistema de Garantia são fonte potencial de ajuda e de fortalecimento para as vítimas de violência.

O Conselho Nacional dos Direitos da Criança e do Adolescente (Conanda), em suas orientações, informa que cabe ao Conselho Tutelar a aplicação de medidas especiais de proteção e responsabilização previstas no ECA. O desempenho dessa atividade demanda, por sua vez, a ação articulada com outros órgãos. Acrescenta, ainda, que o Conselho é responsável apenas pela aplicação, e não pela execução das medidas. O Conanda utiliza também a expressão "requisitar aos órgãos públicos competentes o atendimento necessário". Conforme o Conselho, as medidas de proteção não serão exitosas caso o conselheiro tutelar não se integre com os demais membros do Sistema de Garantia. Nesse contexto, nossos conselheiros podem demonstrar em suas práticas a noção de seu papel como aquele que apresenta a família aos serviços por meio de suas requisições e aplicação de medidas.

Ao requisitar, o Conselho Tutelar age como um importante articulador, permitindo a conexão do Sistema de Garantia com as famílias, procurando restabelecer os direitos violados e, principalmente, agindo em favor da parceria e da rede de proteção. O profissional deve entender que a família não caminha sozinha pelas instituições de serviços, seja porque os serviços não favorecem o acolhimento necessário, seja porque ela ainda não possui condições de cumprir tais medidas. Nesse contexto, o conselheiro entende que precisa, sim, assumir a competência de estar com a família enquanto ela percorre os serviços da rede. A transformação das relações familiares pode acontecer por meio dos vínculos institucionais nos quais se inserem; para tanto, elas têm de ser alçadas à condição de parceiras dos programas sociais. Percebemos, também, quanto a realidade exige consciência por parte dos conselheiros sobre seu posicionamento quando estabelecem as parcerias com os órgãos.

2 Conhecer a si, suas próprias atribuições e os outros serviços: O Conselho Tutelar deve conhecer bem suas atribuições, as técnicas para executá-las, bem como conhecer as tarefas desempenhadas pelos serviços integrantes da rede. Os modelos para o exercício das tarefas dos conselheiros ainda passam por estruturação, e, por muitas vezes, podendo os atores podem ficar mais preocupados em delimitar sua atuação e em estabelecer com alguma clareza o real desdobramento de suas ações para a comunidade e suas famílias. Apontamos que os procedimentos dos conselheiros carecem de um eixo de orientação pelo qual os profissionais orientem todas as suas intervenções, seja no próprio acolhimento à vítima, seja nas ações de encaminhamento para a rede de atendimento. A proteção integral, tal como nos apresenta o ECA, é o eixo que deveria pautar as ações do Conselho. Como órgão original inaugurado pela Doutrina da Proteção Integral, ao Conselho Tutelar cabe estar atento ao que preconiza a lei para suas intervenções.

A proteção que intentamos para as famílias atendidas é compartilhada por meio das responsabilidades do Estado, da família e da sociedade. A proteção almejada para e por essas famílias só se concretiza por vias relacionais, que incluem tanto indivíduos quanto instituições. Mediante tais vínculos, o ator social poderá trabalhar intensamente com os recursos das famílias para gerar fatores de proteção.

Como já dito, a complexidade que permeia o contexto psicossocial de atuação do conselheiro tutelar exige que este detenha clareza e precisão acerca de sua identidade, bem como capacidade para decidir quais atitudes terá perante a família. Além disso, tais práticas psicossociais devem ser questionadas como possíveis mantenedoras das condições vulneráveis das famílias. Há de se ter cuidado com as explicações que imobilizam as possibilidades de mudança dos sujeitos e a dinâmica dos empreendimentos integrados entre os profissionais.

Da mesma maneira, a atuação em rede exige:

> uma mudança de olhar e uma visão mais atenta dos profissionais.

Essa intervenção se fundamenta em um modelo de pensar e instrumentaliza o profissional para a mobilização das pessoas envolvidas na proteção das vítimas. A intervenção não deve se ater à dimensão tecnicista, olhando para "problemas" que precisam ser "resolvidos" de modo objetivo e racional. Ao contrário disso,

> a dinâmica da atuação deve ser uma
> prática reflexiva, que se detém para pensar.

Quando encontramos profissionais imersos em uma prática não reflexiva, os vemos aceitando o convite das explicações reducionistas justificadas pelo excesso de demanda, pela falta de tempo e pela carência de recursos. As práticas reflexivas, por sua vez, precisam atingir um nível de elaboração cada vez maior.

Consideramos, portanto, que o Conselho Tutelar deve ter um campo de atuação delineado. Com fronteiras estabelecidas, os profissionais sabem com clareza o alcance necessário de seu papel. Quando, porventura, encontrarem situações sobre as quais suas intervenções sejam limitadas, os conselheiros devem buscar o fortalecimento da ação em conjunto com os outros serviços da rede. No momento em que percebem a limitação de seu papel, não devem simplesmente delegar a função a outros, mas procurar o potencial das ações coletivas.

3 **Saber comunicar-se em rede:** O elemento comunicação funciona como um dos elos que conectam as instituições e os profissionais. Aqui, salientamos a necessidade de reforçar essa conexão – uma vez que os serviços já têm se fortalecido em sua estrutura, precisamos saber como integrá-los. A comunicação aberta com as famílias, ao perpassar a necessidade do

esclarecimento a ser prestado pelos atores sociais, nos indica que esse fator facilita a vinculação e o engajamento da família com a rede.

Os profissionais devem dedicar tempo para esclarecer os atendidos sobre o que está acontecendo e por quê. Ao estabelecerem com as famílias uma comunicação clara, honesta e informativa, abrem-se as possibilidades para a confiança na equipe e o entendimento profundo de cada sujeito participante das relações de proteção na rede. O intermédio e a circulação da informação são elementos que possibilitam o trabalho em rede. Por meio dessa interface entre as instituições, os objetivos comuns e os valores são decodificáveis e passíveis de realização por todos em consonância. A intercomunicação é essencial para o compartilhamento do poder de ação entre os envolvidos na proteção, ou seja, a distribuição equivalente das informações facilita que cada ator social assuma sua competência e a exerça com domínio.

Com interrupções e falhas na comunicação, as atividades correm o risco de se tornar inoperantes e, ainda, de subverter o objetivo comum antes estabelecido. A troca entre em diferentes "línguas" que não se conhecem e ainda não foram decodificadas por ambos os envolvidos é um exemplo dos obstáculos da comunicação entre os órgãos.

> O diálogo, portanto, é o caminho básico
> para o engajamento com o outro!

Em nossa perspectiva, por meio desse diálogo, cada membro da rede pode encontrar sua voz e sua capacidade de se tornar seu próprio respondente, de maneira reflexiva. Para tanto, é preciso que o processo caminhe devagar, de modo que cada participante tenha um lugar ao qual seja convidado a falar. Aos poucos, surge o espaço para as diferentes vozes.

ABORDAGEM À FAMÍLIA NO CONTEXTO DO CONSELHO TUTELAR

A INTERVENÇÃO EM REDE AINDA É UM DESAFIO

PRESSUPOMOS QUE O CONSELHO Tutelar enfrente de fato muitos desafios em sua atuação, devido à complexidade da violência e ao sistema de proteção em que está inserto. Esses elementos indicam que o modelo das intervenções coletivas em rede já é necessário e urgente. Entretanto, antes mesmo de considerar as propostas de intervenção trazidas pelo paradigma de redes, destacamos que é preciso que o Conselho Tutelar se descubra, isto é, tenha claro o seu papel no trabalho de restituição de direitos.

O movimento de "descoberta" das veredas do Conselho Tutelar deparará com limitações de ordem estrutural, política, institucional e até mesmo pessoal. O olhar que a psicologia detém, no entanto, não deverá se prender a essas dificuldades. A psicologia precisa apontar as potencialidades da instituição, tais como a vinculação com a comunidade, a implicação com o trabalho e o reconhecimento dos riscos que a vulnerabilidade social impõe. Tanto as limitações a ser discutidas quanto as potencialidades a ser redescobertas e refinadas devem ser responsabilidades compartilhadas entre Estado e sociedade, e também com a Universidade.

Não se pode exigir do Conselho a utilização de tantas tecnologias sociais, como a intervenção de rede, se ele mesmo e também o Sistema de Garantia de Direitos detiverem uma leitura linear e simplificadora da violência. As ferramentas das redes e o paradigma sistêmico exigem coerência entre complexidade pensada e complexidade articulada na realidade – pelas interações e pela ampliação do foco ao contexto. As intervenções renovadas exigem esse olhar também renovado, que deixa de procurar os culpados e passa a buscar colaboradores. Assim, o que é preciso fazer para colocarmos uma visão estática sobre a violação de direitos em contraste com uma perspectiva mais abrangente e mobilizada?

Os conselheiros tutelares se destacam por serem os atores mais próximos das famílias. A responsabilidade implícita a esse lugar de destaque exige uma constante tomada de decisões sobre todos os problemas, grandes ou pequenos, que dizem respeito a interesses alheios aos seus. Mesmo diante de tais questões, os conselheiros se revestem de comprometimento para atuar diante das demandas. A fim de assumir suas possibilidades de associação com outros para desempenhar seu trabalho, o conselheiro tutelar deve ter consciência de ser membro de sua rede e de ter uma história de pertencimento a um nicho comunitário, facetas de sua identidade pessoal. O modelo do "pensar em rede", que norteou o presente texto, pretende reacender a perspectiva de que as pessoas vivem relacionadas umas às outras, em uma trama de partilhas, expectativas recíprocas e afiliações.

O "pensar em rede" pode ser uma solução para a problemática do dia a dia das famílias que recorrem aos serviços de garantia de direitos. O trabalho em rede é um caminho novo em que os atores do Sistema de Garantia podem descobrir inúmeros vínculos enriquecedores que, às vezes, permanecem escondidos e blindados na realidade cotidiana. É preciso compreender que as conexões que surgem com intervenções articuladas em rede favorecem, sim, a reorganização das famílias, inserindo-as em seu meio social, ao mesmo tempo que acrescentam parcerias e vínculos para os profissionais.

ABORDAGEM À FAMÍLIA NO CONTEXTO DO CONSELHO TUTELAR

REFERÊNCIAS

ALEGRET, Joana. "Trabajo en red profesional más allá de las divisiones institucionales o formativas: el equipo virtual". In: GONZALEZ JIMÉNEZ, M. Antonia; DIEZ ZAMORANO, M. Angeles; ROCA ÁLVAREZ, Juan Carlos (coords.). *Trabajo en red. Claves para avanzar en el buen trato a la infancia. Reflexiones y alternativas.* Valadolid: Rea, 2010, p. 39-47

CONANDA. Conselho Nacional dos Direitos da Criança e do Adolescente. *Resolução n. 113, de 19 de abril de 2006.* Disponível em: <www.crpsp. org.br/portal/comunicacao/diversos/mini_cd/pdfs/Res_113_ CONANDA.pdf>.

CONANDA. Conselho Nacional dos Direitos da Criança e do Adolescente. *Conselho Municipal dos Direitos da Criança e do Adolescente e Conselho Tutelar: orientações para criação e funcionamento.* Brasília: SEDH; Conanda, 2007. Disponível em: <www1.direitoshumanos.gov.br/ clientes/sedh/sedh/.arquivos/.spdca/orientacoes.pdf>.

DABAS, Elina. ¿*Quién sostiene a las familias que sostienen a los niños? Redes sociales y restitución comunitaria.* 2003. Disponível em: <http://www. redsistemica.com.ar/dabas.htm>.

_____. "La intervención en red". In: DABAS, Elina. *Red de redes: las prácticas de la intervención en redes sociales.* Buenos Aires: Paidós, 2008, p. 15-32.

DABAS, Elina. "Perspectivas desde el enfoque de redes para pensar--sentir-hacer prácticas saludables". In: DABAS, Elina. *et al. Haciendo en redes. Perspectivas desde prácticas saludables.* Buenos Aires: Ciccus, 2011, p. 39-54.

FALEIROS, Vicente de Paula. *Conselhos Tutelares: estratégias de rede no enfrentamento da violência,* 13 set. 2008a. Disponível em: <www.recrianacional.org.br/index.php?option=com_content&view=article&id=62:cons elhos-tutelares-estrategias-de-rede-no-enfrentamento-da--violencia&catid=36:artigos >.

_____. "Parar o abuso e desenvolver a proteção". In: COSTA, Liana Fortunato; LIMA, Helenice G. Dias de (eds.). *Abuso sexual: a Justiça interrompe a violência.* Brasília: Liber Livro, 2008b. p. 159-70.

FALEIROS, Vicente de Paula; FALEIROS, Eva T. S. (coords.). *Circuito e curtos-circuitos: atendimento, defesa e responsabilização do abuso sexual contra crianças e adolescentes.* São Paulo: Veras, 2001.

FRIZZO, Kátia Regina; SARRIERA, Jorge Castellá. "O Conselho Tutelar e a rede social na infância". *Psicologia USP,* v. 16, n. 4, 2005, p. 175-96. Disponível em: <www.scielo.br/pdf/pusp/v16n4/v16n4a09.pdf>.

LIANA FORTUNATO COSTA, MARIA APARECIDA PENSO
E MARIA INÊS GANDOLFO CONCEIÇÃO (ORGS.)

MARTINHO, C. *et al. Redes. Uma introdução às dinâmicas da conectividade e da auto-organização.* Brasília: WWF-Brasil, 2003. Disponível em: <www.aliancapelainfancia.org.br/pdf/redes_wwf.pdf>.

MENESES, M. Piedad Rangel; SARRIERA, Jorge Castellá. "Redes sociais na investigação psicossocial". *Aletheia*, Canoas, n. 21, jan./jun. 2005, p. 53-67. Disponível em: <pepsic.bvsalud.org/pdf/aletheia/n21/n21a06.pdf>.

MORIN, Edgar. *Ciência com consciência.* 14. ed. Rio de Janeiro: Bertrand, 2010.

SAIDÓN, Osvaldo. "Las redes: pensar de otro modo". In: DABAS, Elina.; NAJMANOVICH, Denise. (orgs.). *Redes – El lenguaje de los vínculos. Hacia la reconstrucción y el fortalecimiento de la sociedad civil.* Buenos Aires: Paidós, 2002, p. 203-7.

SANICOLA, Lia. *As dinâmicas de rede e o trabalho social.* São Paulo: Veras, 2008.

8 A participação do Conselho Tutelar na abordagem às famílias

Marlene Magnabosco Marra

INTRODUÇÃO

Este artigo aborda a criação de um contexto de construção comum e de um espaço de interlocução entre os participantes do grupo: famílias e conselheiros tutelares. Tal convivência nos permitiu conhecer e analisar indicadores que revelaram a complementariedade dos papéis conselheiros-famílias e os mitos e crenças presentes nessa relação, ajudando-nos a identificar estratégias de ação mais eficientes nesse contexto.

Os indicadores construídos com base na interação grupal foram organizados a fim de produzir conhecimento metodológico, articulando pesquisa e ação. Essa metodologia descreve os modos de abordagem à família. A perspectiva é de multiplicação desses conhecimentos e de desenvolvimento das competências dos conselheiros tutelares.

A FUNÇÃO DO CONSELHEIRO TUTELAR É APAGAR FOGO?

Será discutido aqui o papel dos conselheiros tutelares no atendimento às famílias. Por meio da descrição feita por conselheiros tutelares a respeito de sua própria experiência, tivemos acesso à frase "Trabalhamos com as famílias como se fôssemos bombeiros". Essa metáfora do "bombeiro" é bastante útil para situar o modo de intervenção na lida com as famílias.

Sabemos que o bombeiro permanece focado no fazer e no cumprir sua tarefa de apagar o fogo, sem se preocupar em formar vínculos com as pessoas. A prática da intervenção dos bombeiros se dá em um espaço no qual surgiu um problema, e a ele é designado aplicar um conhecimento e um "saber fazer" criados em outro lugar, com e por outras pessoas, mais ou menos arranjados para aquelas circunstâncias. Os bombeiros não estão empenhados em saber como as pessoas com as quais vão trabalhar se relacionam entre si, como funcionam em suas famílias, como é o local onde vivem e do que necessitam para ter melhor qualidade de vida. O importante para o bombeiro, quando chega ao local onde deve extinguir o fogo, é colocar em prática a operação o mais rápido possível e obter o resultado desejado.

Este texto apresenta um novo modo de trabalhar com as famílias, que permite pensar, organizar e dar sentido ao mundo relacional daquelas pessoas com as quais vamos trabalhar. Busca, ainda, compreender como as famílias se relacionam entre si, como o grupo familiar acha formas de ampliar ou diminuir suas tensões ao lidar com todas as circunstâncias da vida cotidiana, e como encontra saídas para as dificuldades nos cuidados com as crianças e os adolescentes. Nossa proposição vai, portanto, além do fazer.

O relacionamento entre conselheiro e família é o motor das vivências e dos diálogos que podem levar à espontaneidade e à criatividade na organização das dificuldades e possibilidades para solução dos problemas. Ao refletir sobre suas experiências de vida, sua forma de se relacionar consigo mesmo e com os outros, o conselheiro se disponibiliza para fazer essa intervenção com as famílias. Seria melhor que os conselheiros tutelares não fossem bombeiros e se utilizassem do diálogo, de outros recursos e estratégias para estimular o processo de reflexão-ação. Isso possibilitaria ampliar sua atuação direta na promoção da competência das famílias, implantar programas de atendimento, formar uma equipe de técnicos, criar recursos para prestação de serviços diretos, bem como fiscalizar a eficiência do sistema.

O CONSELHO TUTELAR (CT) E AS FAMÍLIAS

A Constituição Federal determina (§ 7º do art. 227 c.c. art. 204) que o atendimento dos direitos da criança e do adolescente será feito com a participação da população, por meio de organizações representativas, na formulação das políticas e no controle das ações em todos os níveis. A formulação das políticas é cumprida pelo Conselho Municipal dos Direitos da Criança e do Adolescente (CMDCA). O controle das ações é feito em dois âmbitos: no nível macro das políticas públicas, realiza-se também na esfera do Conselho Municipal; no nível micro da pessoa e da família lesadas em seus direitos, pelos Conselhos Tutelares. O CMDCA é formado, paritariamente, entre as entidades governamentais e as não governamentais representativas da sociedade civil. O CT é a própria entidade representativa escolhida pela comunidade para fazer o controle no âmbito microssocial das lesões aos direitos das famílias, das crianças e dos adolescentes. O art. 135 do ECA qualifica função de conselheiro como serviço público relevante. O conselheiro tutelar não é funcionário público, é um servidor público com mandato de três anos, renovável por mais três. Mesmo remunerado, seu trabalho não gera vínculo empregatício. Um Conselho Tutelar é composto de cinco membros escolhidos pela comunidade local e dez suplentes. Em cada município haverá no mínimo um CT. A lei federal estabelece como condição para o cargo de conselheiro: 1) reconhecida idoneidade moral; 2) idade superior a 21 anos; 3) residir no município.

Nos subsídios às plenárias regionais do Ministério da Previdência e Assistência Social/Secretaria de Estado da Assistência Social do Distrito Federal (MPAS/Seas – 2001), a família é vista como elo integrador das ações e como foco de programas específicos. Centrando na família que se encontra em estado de fragilidade e vulnerabilidade, a política de assistência social dirige-se à população em situação de risco social (baixo capital social). São, portanto, atendidas todas as famílias que estão ameaçando ou violando os direitos das crianças e dos adolescentes – por omissão ou abuso dos pais, ou em decorrência da impossibilidade de se desincumbirem de seus deveres por carência de recursos ou outros motivos. Pai e mãe têm o dever de assistir, criar e educar seus filhos, podendo escolher como a prole será assistida, educada e criada. Há pais mais conservadores ou mais progressistas, mais exigentes ou mais liberais, mais pobres ou mais ricos, mas todos devem cumprir seus direitos e deveres.

Acreditamos que as formas de organização dessas famílias, crianças e adolescentes acompanhados pelos Conselhos Tutelares, bem como seus sentidos de vida, experienciam maior fragilidade no que diz respeito aos direitos sociais e institucionais. As famílias necessitam de programas mais abrangentes, que incluam uma perspectiva de saúde mental integral, de proteção especial e educação.

Embora esses direitos no Brasil não sejam de fato materializados, o ECA estabeleceu o compromisso da nação com a infância e a juventude em dois níveis: uma política de atendimento imediato e uma política de proteção, sendo esta última a prioritária, garantindo o desenvolvimento físico, mental, social e moral, como expressa seu art. 5º: "[...] salvo de toda forma de negligência, discriminação, exploração, violência, crueldade e opressão". A abordagem aos pais (ou responsáveis) de crianças e adolescentes, quando não estão cumprindo seu papel em relação aos filhos, colocando-os em situação de risco pessoal ou social, não é tarefa fácil para os conselheiros, que nem sempre têm causado mudanças sociais que ampliem as condições de consciência e competência dessas famílias na promoção da saúde.

ABORDAGEM ÀS FAMÍLIAS: UMA PERSPECTIVA DE MULTIPLICAÇÃO

PROPOMOS UMA POSTURA DE coconstrução da relação Conselho Tutelar-família, sem impor valores e gerando novos conhecimentos. Trata-se, portanto, de um processo histórico de conquista da autopro-

ABORDAGEM À FAMÍLIA NO CONTEXTO DO CONSELHO TUTELAR

moção, gerando desejos políticos que sedimentam metas de autogestão, democracia, liberdade, convivência e autossustentabilidade das comunidades. A proposta de abordagem que surge da interação entre conselheiros e famílias baseou-se na criação conjunta de significados para suas experiências, surgindo uma prática que realça o respeito à diversidade e às dinâmicas de poder, e ainda nos conduz a uma crença na legitimidade do outro que é diferente de nós. Esse outro é capaz de gerar os recursos próprios para gerir sua vida. Essa proposta de abordagem tem a finalidade de favorecer o desenvolvimento do papel de agente social de mudança. Consequentemente, as famílias, ao ser atendidas, serão consideradas em suas competências pelos conselheiros e acabarão por fazer o mesmo em seus espaços.

O atendimento de toda a família e de seu modo de funcionamento, o conhecimento conjunto de suas dificuldades e a participação em uma só busca por uma solução transformam essas famílias em aliadas, abertas e flexíveis. Ao serem ouvidas e acolhidas, passam a colaborar mudando sua postura em relação a conhecer e trabalhar suas dificuldades, isto é, à compreensão de sua participação na solução do problema. É um novo modo de aproveitar seus recursos e competências, gerando informações que só elas têm a seu próprio respeito.

Nossa proposta nasce da união entre famílias e conselheiros tutelares e implica trabalhar com seis elementos ou aspectos coconstruídos e transformados em itens. O grupo não está limitado por um número fixo de pessoas. Elas podem participar segundo sua disponibilidade, havendo sempre o objetivo de inclusão e de aproveitamento dos recursos pessoais para a competência e a formação de redes sociais. Pode acontecer em qualquer contexto e de acordo com as necessidades prioritárias do grupo. A proposta é direcionada para conselheiros, agentes sociais de mudança, agentes de saúde e agentes comunitários. Sugerimos como procedimento oito encontros de três horas cada um, por considerar que na prática do ato criador ficam abertas as negociações, as vivências imprevistas que se fazem na interação grupal.

99

LIANA FORTUNATO COSTA, MARIA APARECIDA PENSO
E MARIA INÊS GANDOLFO CONCEIÇÃO (ORGS.)

Feitas essas considerações, veremos agora como ficaram organizados e configurados os itens da proposta de abordagem às famílias estabelecidos por meio dessa coconstrução, que serão vivenciados pelos conselheiros tutelares com a perspectiva de um novo atendimento às famílias, implicando portanto uma possibilidade de capacitação desses profissionais.

1. IDENTIDADE DOS CONSELHEIROS E DAS FAMÍLIAS ATENDIDAS PELOS CTS

- Quem é o conselheiro?
- Construção coletiva dessa identidade.
- Perfil do conselheiro: de onde vem? Onde estava na comunidade? Por que quis ser conselheiro? Está habilitado? O grau de instrução é indispensável? Quais são as habilidades necessárias? Como devem ser a postura e a conduta do conselheiro?
- Seu papel é de agente social?
- Quais são as funções dos conselheiros tutelares, além da estruturação do CT?
- Como separar o papel de conselheiro dos papéis familiares (de pais, filhos etc.) e aplicar as medidas socioeducativas adequadas às situações? Como ter, por exemplo, a sensibilidade de pai, analisar o caso e aplicar medidas como conselheiro?
- Estruturas das famílias e seus padrões.
- A responsabilidade dos pais, mesmo não convivendo com os filhos. A família diante dos meios de comunicação.

O primeiro item da proposta metodológica tem a dimensão da atenção ao cuidador, que implica a mobilização da sua capacidade de análise quanto à organização de suas práticas. Uma ação de transformação que passa pelo reconhecimento da criatividade individual no estabelecimento de vínculos de solidariedade em um compromisso de ordem ética. A identidade dos conselheiros e das famílias atendidas no CT envolve uma concepção de ser humano. O modo de ser dos conselheiros se faz com base em dois enfrentamentos essenciais: imaginário *versus* realidade; e história singular *versus* contexto social e histórico das relações vividas nos movimentos sociais que dão confirmação ao sujeito de direito. A reconstrução dessa relação ganha sentido de conhecimento e aprendizagem.

A interação conselheiro-família-instituição é marcada por demandas de atenção e cuidado, influenciadas sempre por dois fatores: a concepção do que se faz e suas funções; e a obtenção de reconhecimento social pelo trabalho desempenhado. Essa experiência subjetiva dá consistência à relação conselheiro-família-instituição e se expressa por meio do significado do trabalho por ele compartilhado e visto como um "jogo que desafia e gratifica". Portanto, na atenção ao cuidador, privilegiamos as vivências subjetivas do conselheiro; o "como-fazer-para-ser"; o perfil do conselheiro-multiplicador, ou melhor, suas vivências subjetivas da prática laboral ou das práticas sociais (significado subjetivo desse trabalho); o modo como concebe seu trabalho e constrói essas concepções compartilhadas.

Alguns autores (Cukier, 2002; Marra, 2004) chamam a atenção para características específicas de insalubridade presentes nas profissões de ajuda ao outro. Trata-se de um processo de exaustão emocional gradual. É uma erosão pregressiva do espírito de quem acolhe e ajuda o outro, e envolve perda de confiança e fé em sua própria capacidade. Portanto, são vulneráveis todos os "profissionais de ajuda ao outro" que têm na empatia sua principal ferramenta de trabalho. Segundo essas mesmas autoras, cuidar do cuidador é imprescindível a qualquer programa que vise à prevenção e ao tratamento.

2. RELAÇÃO DOS CTS COM OUTRAS INSTÂNCIAS E INSTITUIÇÕES

- Necessidade de uma rede de apoio.
- Como lidar com as expectativas que as instituições têm a respeito dos CTs?

LIANA FORTUNATO COSTA, MARIA APARECIDA PENSO
E MARIA INÊS GANDOLFO CONCEIÇÃO (ORGS.)

- Como delimitar o papel e a função dos CTs no atendimento às expectativas das instâncias e das instituições que com eles se relacionam?
- Como definir critérios de atendimento?
- Como abrir espaços, fazer valer os CTs, construir propostas de trabalho com base em suas competências?
- Relações interinstitucionais e interpessoais.
- A relação com outras instâncias deve se pautar pelo ECA e os CTs deverão ser o instrumento de busca desse entendimento, como mediadores e articuladores.
- As requisições de serviço devem ser feitas dentro de suas atribuições (art. 136 do ECA), assegurando ao cidadão seus direitos e deveres.
- Ver a criança e o adolescente como sujeitos de direito.
- Buscar parcerias fundamentadas no ECA.

A relação entre os cuidadores é a essência desse segundo item da proposta de abordagem. Essa relação implica como o conselheiro concebe seu trabalho perante a demanda, as necessidades das famílias; como o ser humano é compreendido dentro de uma perspectiva de complexidade e como nossas experiências fazem parte de nossas relações de convivência. Somos resultado de uma história particular de relação; portanto, nosso comportamento opera na construção. Profissionais de diferentes áreas e instituições compartilham entre si a especificidade da natureza dessas práticas sociais que se referem às demandas de interação e ao cuidado constante com outras pessoas, sugerindo dois aspectos. O primeiro deles é a interdisciplinaridade, que busca o apoio de todas as áreas com a finalidade de construir um sujeito mais crítico e criativo, e nos ajuda a entender melhor a aprendizagem como formação da competência humana. O outro aspecto sugere a prática de rede, que enfoca a interação humana e trata da mobilização da rede natural para o desenvolvimento e as mudanças, tanto individuais quanto familiares e na comunidade. É, portanto, um recurso que possibilita o não esgotamento de perspectiva dos conselheiros perante as demandas, o compartilhar do cuidado e a solidariedade no sistema.

Trabalhar em rede é uma forma de suporte grupal que diminui o isolamento profissional e impede o estresse excessivo daquele que trabalha na ajuda ao outro. Formar grupos de iguais ou pares possibilita uma forma de convivência que, além de ser produtiva no que diz respeito à troca de experiência, propicia uma relação simétrica menos formal.

3. NECESSIDADE DE TREINAMENTO PARA O EXERCÍCIO DA FUNÇÃO DE CONSELHEIRO

- Avanço na formação, conquista de instrumentos para melhorar o atendimento.
- Compreensão da complexidade dos casos atendidos.
- Conceito de família – papel dos membros.
- Abordagem às famílias – uma nova concepção.
- Características dos adolescentes.
- Estruturação de abordagem em grupo: organização dos encontros, objetivos.
- Reflexão sobre o papel e a prática do conselheiro e suas competências.

Trata-se de uma dimensão de aperfeiçoamento com a perspectiva de que todas as nuanças necessárias ao trabalho do conselheiro-multiplicador precisam ser conjugadas, complementadas, integradas e não reduzidas e dicotomizadas. É a possibilidade de reorganizar a experiência dos conselheiros reunindo e integrando essas diversidades, trabalhando de modo a proporcionar a horizontalização do conhecimento, na qual as dificuldades serão tratadas como desafios a ser superados. Traz um sentido de formação técnica e metodológica para o papel de conselheiro-multiplicador que acompanha a formação pessoal.

4. RELAÇÃO ENTRE AS FAMÍLIAS E OS CTS

- O papel da família.
- O papel dos conselheiros.
- Atendimento do conselheiro à clientela.
- A família ter conhecimento de sua responsabilidade de pátrio poder.
- A família ter conhecimento do ECA e saber de suas atribuições e das conferidas aos conselheiros.

Esse item tratou da dimensão do relacionamento. É necessário ter claro que o papel complementar presente na outra ponta da relação está diretamente ligado ao exercício do papel. Por exemplo, aluno-professor, pais-filhos, conselheiro-família.

Dependendo do modo como se estruturam os conselheiros e o grupo familiar, e da dinâmica estabelecida, eles podem funcionar como facilitadores ou dificultadores da formação de sujeitos autônomos e cidadãos de direito. A validação das famílias pelos conselheiros e a confirmação do seu saber é uma interação transformadora e de autorização das competências, mapa dessa construção. A proposta consiste, portanto, em uma construção compartilhada entre todos os conselheiros, na qual primeiro vão conhecer-se e reconhecer-se, depois conhecer seus pares para, em um terceiro momento, conhecer seus complementares. A partir daí, terão clareza do lugar e das funções de cada um na relação, e da corresponsabilidade na construção do vínculo e de seus desdobramentos.

5. A FAMÍLIA E SUAS PROBLEMÁTICAS

- Responsabilidades familiares – transferência das responsabilidades.
- Incapacidade na formação familiar.
- Causas da violência doméstica.
- O abuso sexual.

ABORDAGEM À FAMÍLIA NO CONTEXTO DO CONSELHO TUTELAR

- Desinformação acerca dos direitos contidos em leis diversas (CF, ECA, Código Civil).
- Dinâmicas para tal formação.

Nesse item, a família é o objeto da intervenção; o cliente e o conselheiro tem o compromisso de construir a demanda com todos, mesmo que alguns familiares não estejam presentes. Nossa proposta consiste na troca de experiências e na aquisição de novos conhecimentos importantes para a exploração do aspecto interventivo e o entendimento de questões específicas ao cotidiano das famílias, a seu ciclo de vida e à intervenção dos CTs.

6. O CT E SUAS RESPONSABILIDADES PERANTE O ECA

- Criação de fóruns para reflexão sobre o ECA.
- Fomento da união de outros grupos com o CT, a fim de democratizar o conhecimento do ECA.
- Permanente relação com as escolas pública e particular para maior discernimento dos diversos papéis.
- Formas de levar a sociedade aos CTs.
- Estudo das medidas protetivas, bem como das medidas socioeducativas, a fim de fazê-las funcionar de fato (na prática), isto é, com o objetivo de encontrar indicativos para seu cumprimento.

O ECA é o inspirador da criação dos CTs. Reconhece o poder de todos os agentes (públicos e privados) e prescreve quatro condições éticas fundamentais que os conselheiros devem levar em conta: a cidadania; o bem-comum; os direitos e deveres individuais e coletivos; e o compromisso de avaliar se as crianças e os adolescentes estão em condições peculiares de desenvolvimento. Cabe aos conselheiros, no papel de multiplicadores, democratizar o ECA, criando espaços para que a família e a sociedade civil conheçam-no e possam lidar com as leis de proteção de forma mais viável para o restabelecimento dos CTs, e possibilitando à comunidade melhor acesso à Justiça.

Tudo que foi vivenciado nos sociodramas está materializado nos itens da proposta de abordagem às famílias, isto é, toda a representação social, o imaginário, o relacional e o contextual.

CONSIDERAÇÕES FINAIS

Ao ARTICULAR UMA REDE de sustentação ao seu trabalho, o CT identificará na comunidade as necessidades e as carências de informações que possam ser transformadas em soluções criativas, promovendo a autogestão das famílias e demais instâncias e conquistando a sustentabilidade por meio de ações planejadas de forma participativa e interativa. O desenvolvimento local integrado e sustentável permite à comunidade o conhecimento de suas condições e a promoção da melhoria da qualidade de vida das pessoas, diminuindo o assistencialismo e atribuindo responsabilidades. Toda intervenção fundada na aceitação da crise e da realidade, na espontaneidade e criatividade com que nos comportamos progride na descoberta de sua auto-organização.

Ao potencializar demandas, necessidades aparentemente individuais em demandas coletivas, os conselheiros contribuirão para a formação de um sistema valorativo muitas vezes diferente do imposto pela legislação, atendendo à singularidade de cada família e assegurando sua mudança e transformação. Essas vivências serão, então, transferidas para outras famílias e instâncias, possibilitando-lhes construir novos padrões de convivência e cidadania, descobrindo formas que aliem o saber (teoria) à prática (intervenção) e aproximem o conhecimento do senso comum ao conhecimento científico.

Assim, outras tantas famílias estarão sendo atingidas e beneficiadas, porém sem ser jurisdicionalizadas. À medida que o conselheiro tutelar constrói com as famílias atendidas uma relação de

ABORDAGEM À FAMÍLIA NO CONTEXTO DO CONSELHO TUTELAR

respeito, compreensão de seus valores e necessidades, reconhecimento de sua competência, e estende seu campo de ação para fora do CT, dá a seu papel de conselheiro uma nova dimensão, que é a de multiplicador, agente social de mudança. Antes de fazer encaminhamentos, fornecer soluções às questões e conflitos ou aplicar medidas socioeducativas, o conselheiro precisa expandir a concepção de sua função: de bombeiro a multiplicador, articulador, parteiro, formador, terapeuta, entre outras.

Por meio do entendimento da multiplicidade e do alcance da dimensão de multiplicador do papel de conselheiro, buscamos promover a proliferação de espaços públicos não estatais, por meio dos quais seja possível republicizá-los, tornando-os um campo de experimentação no qual todos exercitarão a corresponsabilidade pela manutenção e conservação das relações interpessoais, dos papéis, das redes sociais e, por fim, dos ecossistemas.

REFERÊNCIAS

BRASIL. *Constituição da República Federativa do Brasil* (1988). Disponível em: <www.planalto.gov.br/ccivil_03/constituicao/constituicao.htm>.

BRASIL. Ministério da Previdência e Assistência Social/Secretaria de Estado da Assistência Social do Distrito Federal (MPAS/Seas). *Portaria no 879, de 3 de dezembro de 2001*. Estabelece Normas e Diretrizes do Projeto Agente Jovem de Desenvolvimento Social e Humano e do Projeto Centro da Juventude. Disponível em: <www.mds.gov.br/acesso-a-informacao/legislacao/assistenciasocial/portarias/2001/Portaria%20no%20879-%20de%2003%20de%20dezembro%20de%202001.pdf>.

CASTRO, Ana Cristina de; OLIVEIRA, Vera L. Alves de. "Comunicação e mobilização dos conselhos com instituições parceiras, redes de serviços e sociedade civil". In: ASSIS, Simone Gonçalves de et al. (orgs.). *Teoria e prática dos Conselhos Tutelares e conselhos dos direitos da criança e do adolescente*. Rio de Janeiro: Fiocruz, 2009, p. 225-54.

CUKIER, Rosa. "Fadiga do psicoterapeuta: estresse pós-traumático secundário". *Revista Brasileira de Psicodrama*, v. 10, n. 1, 2002, p. 55-6. Disponível em: <www2.rosacukier.com.br/si/site/0302/p/FADIGA%20

LIANA FORTUNATO COSTA, MARIA APARECIDA PENSO
E MARIA INÊS GANDOLFO CONCEIÇÃO (ORGS.)

DO%20PSICOTERAPEUTA:%20Estresse%20P%C3%B3s-%20
Traum%C3%A1tico%20Secund%C3%A1rio#.T98B08zUetU.blogger>.

FREIRE, Paulo. *Educação e mudança*. Rio de Janeiro: Paz e Terra, 1993.

FRIZZO, Kátia Regina; SARRIERA, Jorge Castellá. "O Conselho Tutelar e a rede social na infância". *Psicologia USP*, v. 16, n. 4, 2005, p. 175-96. Disponível em: <www.scielo.br/pdf/pusp/v16n4/v16n4a09.pdf>.

MARRA, Marlene Magnabosco. *O agente social que transforma*. São Paulo: Ágora, 2004.

MENDES, Alessandra Gomes; MATOS, Maurílio Castro de. "Uma agenda para os conselhos tutelares". In: SALES, Mione; MATOS, Maurílio; LEAL, Maria Cristina. *Política social, família e juventude: uma questão de direitos*. São Paulo: Cortez; Rio de Janeiro: Uerj, 2004.

MILANI, Rute Grossi; LOUREIRO, Sonia Regina. "Famílias e violência doméstica: condições psicossociais pós-ações do Conselho Tutelar". *Psicologia: Ciência e Profissão*, v. 28, n. 1, 2008, p. 50-67. Disponível em: <www.scielo.br/pdf/pcp/v28n1/v28n1a05.pdf>.

MORAES, Viviani Bezerra. "Conselho tutelar". *Anuário da Produção de Iniciação Científica Discente*, v. 12, n. 15, 2008, p. 362. Disponível em: <www.sare.anhanguera.com/index.php/anuric/article/view/2719>.

MORIN, Edgar. *Os sete saberes necessários à educação do futuro*. São Paulo: Cortez, 2000.

PESTANA, Denis. *Manual do conselheiro tutelar: da teoria à prática*. Curitiba: Juruá, 2007.

SAETA, Beatriz R. Pereira; SOUZA NETO, João Clemente de. "A criança e o adolescente na sociedade brasileira". In: SOUZA NETO, João Clemente de; NASCIMENTO, Maria Leticia B. Pedroso (orgs.). *Infância: violência, instituições e políticas públicas*. São Paulo: Expressão e Arte, 2006. v. 1.

SCHEINVAR, Estela. "Conselho Tutelar e escola: a potência da lógica penal no fazer cotidiano". *Psicologia & Sociedade*, v. 24, n. especial, 2012, p. 45-51. Disponível em: <www.scielo.br/pdf/psoc/v24nspe/08.pdf>.

WALDEGRAVE, Charles. "'Just therapy' com famílias e comunidades". In: GRANDESSO, Marilene A. (org.). *Terapia e justiça social: respostas éticas a questões de dor em terapia*. São Paulo: APTF, 2001. p. 19-35.

9 A escuta e a rede de apoio à família em situação de violência

Carmem Leontina Ojeda Ocampo Moré

O PRESENTE CAPÍTULO TEM por objetivo tecer subsídios para o trabalho de intervenção familiar, no contexto dos profissionais que atuam com famílias em situação de violência, na perspectiva de uma escuta qualificada. Tomando como base o pensamento ecológico/sistêmico e as evidências decorrentes da produção científica brasileira a respeito do tema, bem como a experiência acumulada em trabalhos de intervenção psicossocial em comunidades, buscou-se trazer à tona parâmetros de reflexão/ação que auxiliem na melhor escuta da família, visando a seu protagonismo e à corresponsabilização de ações sob os princípios da ética – princípios esses que apontam a responsabilidade profissional das possíveis consequências que implicam práticas de intervenção na família.

Ao falar de intervenção familiar, está-se aludindo explicitamente ao conjunto de ações profissionais de escuta da família como um sistema inserto num contexto que objetiva influenciá-lo, visando encontrar soluções possíveis para enfrentar dilemas, crises ou conflitos que a possam estar afetando.

Nesse sentido, os profissionais devem pensar e refletir sobre o ato de influenciar: a) sob a perspectiva de um conjunto de pressupostos teóricos nos quais se assenta o desenvolvimento de uma *postura profissional diferenciada*; b) como reconhecimento de conhecimentos e reflexões necessárias para *fundamentar as práticas;* e c) considerando *a importância do planejamento, da organização e da escuta profissional* no processo de intervenção familiar de forma contextualizada e à luz dos *processos de trabalho dos profissionais envolvidos.*

Assim, acredita-se que reflexão, conhecimento e escuta como prática participam da construção das ações profissionais que, quando assentadas sobre os princípios éticos, se coadunam de modo inseparável para o melhor acolhimento e escuta da família.

REFLEXÕES NECESSÁRIAS PARA
UMA POSTURA PROFISSIONAL DIFERENCIADA

É IMPORTANTE FALAR, AQUI, a respeito do trabalho dos profissionais do setor judiciário, especificamente de sua necessária capacitação no que se refere a uma sensibilização e instrumentalização para melhor acolher a família e seus integrantes, sobretudo para não cair na armadilha da revitimização destes e, assim, sustentar o *complô do silêncio* que envolve o tema da violência familiar. O profissional, além de adquirir novos conhecimentos e técnicas, precisa ter clareza de suas crenças e valores, de sua conduta ética e, principalmente, questionar-se acerca do que pensa sobre violência e de sua tolerância ou não para com ela.

Precisamos estar cientes da realidade complexa e multifacetada que desafia cotidianamente os profissionais que trabalham em serviços de proteção à criança, ao adolescente e a suas famílias, e também das implicações da violência que, como fenômeno, encontra no contexto familiar um campo de expressão máximo, deixando marcas imbricadas historicamente, visíveis e/ou invisíveis em todos os seus integrantes, sustentando dilemas humanos extremos. Assim, consideramos importante trazer à tona pressupostos epistemológicos que, como fortes crenças, devem estar necessariamente presentes na postura profissional, permeando toda e qualquer reflexão/conhecimento/ação, imprescindíveis para o enfrentamento dessas realidades humanas, à luz dos contextos de intervenção.

ABORDAGEM À FAMÍLIA NO CONTEXTO DO CONSELHO TUTELAR

Os pressupostos são:

1 *Acreditar na família, seja qual for sua configuração, como a principal fonte de recursos para as mudanças em face de um problema.* A exposição à violência, seja qual for sua intensidade, faz que os recursos potencialmente protetores dos integrantes de uma família se encontrem sem possibilidade de expressão, sendo a intervenção um caminho eficaz para seu resgate.

2 *Acreditar na importância das redes significativas e de apoio da família e nos recursos comunitários como redes efetivas que podem gerar mudanças.* A violência gera ou sustenta o isolamento social. O trabalho em rede, por sua vez, abre possibilidades reais de interferir nesse isolamento, abrindo novos caminhos de comunicação e implicando seus integrantes por meio da co-responsabilização de ações, tendo como consequência a distribuição da responsabilidade do apoio às famílias.

3 *Acreditar que a escuta profissional e a informação fazem diferença na prevenção da violência.* A fala profissional pode ser transformadora, na medida em que gera a possibilidade de interferir no campo de significação da violência por meio da construção de novos sentidos e significados a ela atribuídos pelos integrantes de um sistema familiar.

4 *Compreender que um saber não cobre o fenômeno da violência como um todo.* Diante do reconhecimento da complexidade da temática da violência familiar, torna-se necessário desenvolver uma postura de humildade profissional com relação aos nossos saberes e acolhê-los da expectativa de uma construção conjunta, para poder refletir e/ou agir nos contextos de violência. Isso seria o cerne para o desenvolvimento da *postura interdisciplinar* e do trabalho ancorado na perspectiva de uma *clínica ampliada*, com a finalidade de conjugar diferentes saberes e/ou práticas para o melhor atendimento da família.

5 *Compreender que todo saber a ser comunicado precisa necessariamente ser ancorado e nos contextos socioculturais nos quais*

111

a família está inserta e coconstruído a luz deles. Os diálogos profissionais, as mensagens e ou palavras que possam vir a ser construídos com a família terão significado e sentido como possibilidade de transformação e/ou mudança quanto mais próximos estiverem dos contextos socioculturais em que a família e suas redes estiverem imersas.

Acredita-se que os pressupostos acima mencionados constituem-se em parâmetros de reflexão para o desenvolvimento de uma *postura profissional diferenciada* para a escuta da família em situação de violência e sua rede, o que, por sua vez, implica a necessária ressignificação de saberes tradicionalmente presentes na formação profissional.

CONHECIMENTOS E REFLEXÕES
NECESSÁRIOS PARA FUNDAMENTAR AS PRÁTICAS

SEM O INTUITO DE esgotar a temática da intervenção na violência familiar, parte-se do reconhecimento da já extensa produção científica a ela relacionada, tanto no âmbito internacional quanto nacional, dos diferentes campos do saber, principalmente quando se apontam os fatores *potencialmente* de risco e *potencialmente* de proteção, presentes tanto em nível individual como relacional, comunitário e social. Coaduna-se, aqui, com o olhar sistêmico/ecológico da família e da temática da violência, o qual sustenta um conceito interdisciplinar e permite reconhecer e pensar a interação complexa de fatores que concorrem, trazendo elementos importantes tanto para o planejamento/ organização como para a intervenção familiar advindos dos diversos olhares do conhecimento, que se somam para pensar a família e a violência.

Desse modo, serão agora destacados alguns aspectos advindos da terapia familiar, da teoria da comunicação, da saúde pública/comunitária, para o contexto dos processos de trabalho de abrangência do Conselho Tutelar, considerados necessários para sustentar a intervenção na família:

1 A violência familiar se sustenta porque *a família enrijece suas fronteiras como sistema dinâmico*, gerando o isolamento e/ou afastamento social. Tal enrijecimento se ancora em sentimentos de vergonha e impotência, *tendo como resultado o silêncio, o medo e a sensação da impossibilidade* de encontrar uma solução para a situação vivida.

2 *A violência familiar é produto de um processo histórico* que se sustenta no tempo por meio de um *circuito de relações entre seus membros que possibilita a repetição de condutas violentas*, no qual eles têm papéis definidos que alimentam a rigidez do sistema familiar. Assim, a capacidade de articulação com outros sistemas fica totalmente comprometida, afetando diretamente a procura de ajuda.

3 A violência familiar se mantém pela presença *sistemas hierárquicos/autoritários*, que justificam ações/agressões, gerando opressão e as consequências a ela relacionadas; e pela presença de *sistemas de gênero*, fortemente enraizados na identidade de uma cultura, que funcionam como argumentos que naturalizam e justificam a violência, neutralizando possibilidades de insurgência contra ela.

4 A violência familiar se sustenta num *silêncio coconstruído por seus integrantes*. Esse silêncio é autoimposto e implica a presença de um sentimento de humilhação social, levando ao isolamento familiar.

5 A violência familiar é testemunhada por pessoas para além da família que constituem as redes sociais significativas, caracterizadas pela proximidade, e por redes comunitárias e institucionais, caracterizadas pelo apoio social. Elas têm um papel essencial, à medida que atuam como controle e como possibilidade de intervir nas situações de violência familiar. Por sua

LIANA FORTUNATO COSTA, MARIA APARECIDA PENSO
E MARIA INÊS GANDOLFO CONCEIÇÃO (ORGS.)

vez, as ações de prevenção à violência têm contexto fundamental nas redes constituídas em torno da família.

Acredita-se que, ao interferir no silêncio do sistema familiar violento – seja pela da mudança de papéis de seus integrantes, seja pelo questionamento das crenças a respeito da violência, seja pelo reconhecimento efetivo de ajuda que as redes podem aportar –, estar-se-á intervindo num processo histórico que alimenta um circuito de violência na família, acolhendo e dando voz a seus integrantes, gerando outras possibilidades de compreender e/ou vivenciar o problema, não somente para os que sofrem a violência como também para aqueles que a perpetram.

Autoras como Liana Costa e Maria Aparecida Penso (2007) afirmam que colocar a família sob a égide da justiça não implica controle policial, e sim a possibilidade da garantia dos direitos humanos a todos os integrantes do grupo, gerando um contexto possível de reconhecimento ou instauração da demanda por ajuda. Assim, as questões do privado (família/violência) e do público (justiça) levantam uma série de aspectos que precisam ser pensados e qualificados no contexto das intervenções do Conselho Tutelar, para evitar os temores da família à rede institucional. Tais aspectos, quando não tomados em consideração, geram maior enrijecimento do grupo e, por consequência, revitimização da família.

O PLANEJAMENTO E A ORGANIZAÇÃO
PROFISSIONAL NO PROCESSO DE INTERVENÇÃO FAMILIAR

CONSIDERA-SE QUE AS QUESTÕES de planejamento e organização da intervenção familiar e sua rede são transversais a qualquer modalidade de ação que possa vir a ser desenvolvida, devendo o profissional envolvido estar sempre atento às modificações necessárias para melhor se adequar a suas realidades de atuação. No entanto, chama-se especialmente a atenção para este item, *planejamento e organização*, pois é um aspecto que na maioria das vezes é absorvido pela rotina da urgência das demandas. Assim, os profissionais tomados pelas práticas que os demandam transformam-se em meros executantes de ações judiciais, não abrindo o espaço e o tempo necessários para pensar tanto sobre si mesmos como sobre as ações em seus processos de trabalho.

A *falta de planejamento e de organização prévios à intervenção constitui grave armadilha*, tanto para o profissional, que fica à mercê das demandas complexas e difíceis, quanto para a família, que poderá vir a sofrer um processo de reprodução da dinâmica relacional familiar denominada "confiança ambígua". Esta se dá na medida em que a função de proteção/cuidados e a ação de agressão/desproteção se fundem na mesma pessoa, gerando total ambivalência em qualquer proposta relacional. Essa falta de "confiança no outro" alimenta e mantém tanto o circuito da violência na família como o complô do silêncio sobre tal conduta, revitimizando todos os seus integrantes.

Nesse sentido, é fundamental tentar acolher, planejar e organizar o que der, dentro dos recursos pessoais e profissionais dos envolvidos no sistema dos *Conselhos Tutelares*, buscando articulações, para realizar intervenções possíveis de ser levadas a cabo. Caso contrário, corre-se o risco de contribuir para a sustentação de uma "trama de violência" à qual ficam sujeitos todos os envolvidos (agressor-vítima, profissional-instituição).

A importância do planejamento reside também na possibilidade de: a) estabelecer objetivos de intervenção claros que assegurem o processo de escuta e comunicação com a família, favorecendo a construção de sentido e significado da ação para todos os envolvidos; b) melhor acolher e motivar as pessoas para a possibilidade de pensar seus dilemas à luz de suas realidades de inserção; e c) melhor organizar o processo de trabalho dos profissionais envolvidos.

LIANA FORTUNATO COSTA, MARIA APARECIDA PENSO
E MARIA INÊS GANDOLFO CONCEIÇÃO (ORGS.)

A INTERVENÇÃO FAMILIAR: ASPECTOS
NECESSÁRIOS PARA UMA ESCUTA QUALIFICADA

ENTENDE-SE QUE CADA INTERVENÇÃO pode exacerbar tanto experiências positivas quanto negativas no indivíduo, e que, dependendo da família e de sua história relacional, a ação pode gerar em seus integrantes as mais variadas ressonâncias. Nesse sentido, destaca-se um conjunto de aspectos necessários para melhor sistematizar a escuta profissional, ancorados na produção científica e de intervenção, tanto no contexto público/comunitário como no âmbito judiciário.

1 *Com relação à demanda de intervenção*: a) quem criou o problema ou fez o encaminhamento deste; a porta de entrada da denúncia e a eventual reincidência; b) período entre a denúncia e as ações legais e de atendimento às vítimas; c) tipos de medidas protetivas que podem ser aplicados; d) número de encaminhamentos para instituições de cumprimento das medidas protetivas determinadas judicialmente; e) observações quanto ao cumprimento de tais medidas. O entendimento desses itens auxilia o profissional a não se converter em um simples executante de remetente, sendo importante o reconhecimento de que a demanda, na maioria das vezes, não é criada pela família, mas imposta, fato que exige especial atenção no processo de aproximação da família. Por sua vez, torna-se necessário saber que o período da denúncia tem impacto decisivo na dinâmica familiar, fragilizando todo o grupo, no processo de rearticulação e de nova tomada de posições diante da possível saída de algum de seus integrantes.

2 *Com relação à família e suas redes*: a) identificar o ciclo vital em que a família e se seus integrantes se encontram; e b) mapear as redes que conhecem o problema da família. Considera-se importante o reconhecimento dos diferentes

ciclos que a família atravessa, pois cada novo ciclo representa uma ameaça à sua organização, assim como qualquer mudança na sua configuração (saída de membros) interfere decididamente na dinâmica familiar. Também, o convívio num mesmo sistema familiar de diferentes ciclos de desenvolvimento aumenta a fragilidade do grupo, afetando principalmente seus fatores potencialmente protetores. Após os contatos iniciais com a família, recomenda-se a utilização de dois instrumentos vistos como interdisciplinares – pois eles são utilizados por equipes da família e outros profissionais vinculados às redes institucionais –, a saber: o *genograma*, que permite visualizar a violência na perspectiva das diferentes gerações; e o *mapa de redes*, proposto pelo psicólogo argentino Carlos Sluzki (1997), que permite fazer uma descrição das redes significativas de apoio que a família considera. Os dados conseguidos por meio desses instrumentos permitem diálogos interdisciplinares fundamentais para qualquer intervenção, principalmente para a distribuição do acolhimento e da responsabilidade pelo cuidado da família em situação de violência.

3 *Com relação à comunidade e seus recursos*: a) o contexto de moradia da família; b) tempo na comunidade; c) identificação de famílias migrantes; d) recursos comunitários no que diz respeito às Unidades Locais de Saúde, às equipes da Estratégia de Saúde da Família, a escolas, centros comunitários, ONGs etc. Esses dados permitem visualizar, por sua vez, os diferentes níveis de vulnerabilidade sociocomunitária a que a família está exposta, assim como encontrar interlocutores e aliados para a intervenção e espaços estratégicos de inserção do grupo, como os de escuta dele para além do sistema judiciário.

4 *Com relação à rede institucional da justiça e de recursos*: a) fluxos da família no contexto do judiciário; b) interlocutores a que ela estará exposta; c) serviços de apoio possíveis de aco-

LIANA FORTUNATO COSTA, MARIA APARECIDA PENSO
E MARIA INÊS GANDOLFO CONCEIÇÃO (ORGS.)

lhimento das famílias. Esses aspectos, embora considerados inerentes ao desempenho dos conselheiros tutelares, são trazidos com ênfase especial, pois observa-se que equipes expostas, no cotidiano, a demandas intensas e complexas não reconhecem ou desconhecem as possibilidades e/ou potencialidades de seu próprio contexto de atuação, o que afeta diretamente seu processo de trabalho e gera ações fragmentadas e/ou isoladas. Entende-se que o esforço pela busca da articulação das famílias e de suas redes significativas com a comunidade e as redes de apoio e da justiça é um processo de trabalho permanente que depende diretamente da postura diferenciada do profissional, mais do que da instituição com sua trama complexa. A sensibilização dos atores da justiça para uma postura de trabalho em rede constitui um caminho fundamental, possível e efetivo, tanto de acolhimento/cuidado como de prevenção da violência na família.

CONSIDERAÇÕES FINAIS

CIENTES DE QUE OS aspectos levantados não abarcam a temática em toda sua diversidade e complexidade, destacamos o tripé sob o qual pode ser pensada a intervenção familiar, considerando que não é possível falar sobre esta sem trazer à tona para reflexão as bases epistemológico-éticas, na qualidade de postura diferenciada; o planejamento e a organização, para evitar o papel de remetente de ações; e fatores que auxiliam na sistematização da escuta da família, para sustentar o grande desafio que se coloca aos profissionais, que é o de dar protagonismo à família em situação de violência e oferecer a ela o direito de ser cuidada e protegida.

REFERÊNCIAS

AMPARO, Deise Matos et al. "Adolescentes e jovens em situação de risco psicossocial: redes de apoio social e fatores pessoais de proteção". *Estudos de Psicologia*, v. 13, n. 2, 2008, p. 165-74. Disponível em: <www.scielo.br/pdf/epsic/v13n2/09.pdf>.

COSTA, Liana Fortunato; LIMA, Helenice G. Dias de (eds.). *Abuso sexual: a Justiça interrompe a violência*. Brasília: Liber Livro, 2008.

COSTA, Liana Fortunato; PENSO, Maria Aparecida et al. "Família e abuso sexual: silêncio e sofrimento entre a denúncia e a intervenção terapêutica". *Arquivos Brasileiros de Psicologia*, Rio de Janeiro, v. 59, n. 2, dez. 2007, p. 245-55. Disponível em: <http://pepsic.bvsalud.org/pdf/arbp/v59n2/v59n2a13.pdf>.

HABIGZANG, Luísa F. et al. "Fatores de risco e de proteção na rede de atendimento a crianças e adolescentes vítimas de violência sexual". *Psicologia: Reflexão e Crítica*, v. 19, n. 3, 2006, p. 379-86. Disponível em: <www.scielo.br/pdf/prc/v19n3/a06v19n3.pdf>.

MORÉ, Carmen Leontina O. Ocampo. "As redes pessoais significativas como instrumento de intervenção psicológica no contexto comunitário". *Paideia*, v. 15, n. 31, 2005, p. 287-97. Disponível em: <www.scielo.br/pdf/paideia/v15n31/16.pdf>.

MOREIRA, Mariana Calesso; SARRIERA, Jorge Castellá. "Satisfação e composição de rede de apoio social a gestantes adolescentes". *Psicologia em Estudo*, Maringá, v. 13, n. 4, out./dez. 2008, p. 781-9. Disponível em: <www.scielo.br/pdf/pe/v13n4/v13n4a16.pdf>.

NÓBREGA, Vanessa Medeiros et al. "Rede de apoio social das famílias de crianças em condição crônica". *Revista Eletrônica de Enfermagem*, v. 12, n. 3, 2010, p. 431-40. Disponível em: <www.fen.ufg.br/revista/v12/n3/v12n3a03.htm>.

SANTOS, Viviane Amaral; COSTA, Liana Fortunato; SILVA, Aline Xavier. "As medidas protetivas na perspectiva de famílias em situação de violência sexual". *Psico-PUC*, Porto Alegre, v. 42, n. 1, p. 77-86, jan./mar. 2011.

SLUZKI, Carlos Eduardo. *A rede social na prática sistêmica: alternativas terapêuticas*. São Paulo: Casa do Psicólogo, 1997.

10 A relação com outros setores da rede de atendimento à infância e à juventude

Mariana Lugli

Rosa Maria Stefanini Macedo

A FAMÍLIA QUE PASSA por alguma dificuldade, independentemente da razão, e é levada ao acompanhamento da justiça envolve vários sistemas na obtenção de ajuda e solução para seus problemas. Os sistemas acionados para prover o apoio às famílias podem ser: escola, posto de saúde, ação social, igreja, associação de moradores, entre outros. Neste capítulo, será apresentado um estudo de caso no qual se buscou entender como esses diferentes sistemas dialogam entre si e como podem interagir em benefício da transformação positiva de crianças, adolescentes e famílias excluídos, e da formação de contextos geradores de competências para esses sujeitos e os profissionais da rede de atendimento, reconhecendo e valorizando seus recursos.

A organização da Comarca onde o caso foi assistido apresenta-se da seguinte forma: Vara Criminal, Vara Civil, Vara de Família e anexos, Vara da Infância e Juventude, e seus respectivos cartórios. Existem dois juízes, um deles sendo responsável pelas Varas de Família, Infância e Juventude e Criminal, e o outro pela Vara Civil. O quadro da Comarca é composto, ainda, de dois promotores que respondem respectivamente à distribuição acima citada. No atendimento à Vara da Infância e Juventude, existe o Serviço de Auxílio à Infância (SAI), cuja equipe é composta de uma psicóloga e uma assistente social, tendo, porém, anteriormente, funcionado com duas psicólogas.

LIANA FORTUNATO COSTA, MARIA APARECIDA PENSO
E MARIA INÊS GANDOLFO CONCEIÇÃO (ORGS.)

A INTERFACE ENTRE FAMÍLIA, SISTEMA
DE GARANTIA DE DIREITOS E REDE DE ATENDIMENTO

O ADOLESCENTE E SUA família, no estudo de caso aqui apresentado, foram atendidos pela Vara da Infância e Juventude. Com base na identificação feita pela família e pelo adolescente de qual era o problema e quem eram os envolvidos, foram definidos os demais participantes, a saber: um juiz, uma promotora, uma conselheira tutelar, uma diretora de escola, uma assistente social e uma psicóloga. A rede apontada se configura como executora das medidas solicitadas pelos representantes do sistema judiciário para atender ao caso.

Foram realizadas duas entrevistas com Luís. Com a mãe do adolescente, foi feita uma entrevista, na qual foi proposta a construção da linha do tempo; ela, porém, assim como o filho, destacou que não se recordava de datas. Levantamos a história de vida por meio de questões sobre os acontecimentos e a trajetória da família até o momento.

Convidamos, além dos dois participantes, Jonas (irmão mais velho de Luís). Este relatou, porém, que não teria tempo para participar. Entramos em contato com o presídio onde Mario (outro irmão mais velho de Luís) estava detido para entrevistá-lo, mas fomos informadas que ele ficaria sem receber visitas por um tempo, segundo um atendente local, sem informar o motivo.

COMPOSIÇÃO DA FAMÍLIA

1ª GERAÇÃO

A	Pai de lara primeiro casamento de B.
B	Mãe de lara – avó dos sujeitos estudados
C	Padrasto de lara

2ª GERAÇÃO

A	1º companheiro de Iara – traficante de drogas
W	2º companheiro de Iara – traficante de drogas
I	Mãe, 45 anos – alcoolista

3ª GERAÇÃO – FILHOS DE IARA

Jn	Jonas – filho mais velho – 1ª união, 24 anos
J	Júlio – 2º filho – 1ª união, 22 anos
M	Mario – 3º filho – 2ª união, 19 anos – usuário de drogas; está preso
L	Luís – 4º filho – 2ª união, 17 anos – usuário de drogas
C	Camila – 5º filho – 2ª união, 14 anos

A fim de facilitar a leitura, apresentamos abaixo um genograma* ilustrativo do caso.

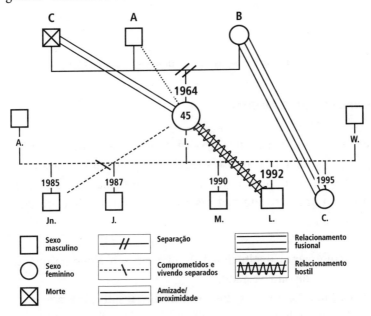

* Realizado no programa Genopro (www.genopro.com).

Os sistemas que se relacionam em virtude do caso têm o mesmo objetivo: atender à necessidade do caso, auxiliando na resolução do problema apresentado; porém, cada agência tem sua forma de enfrentamento da demanda. A seguir, uma ilustração que representa o sistema de atendimento envolvido no caso.

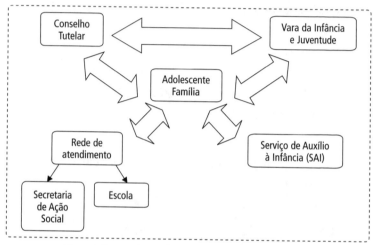

Figura 1. Sistema de atendimento envolvido no caso estudado

LINHA DO TEMPO FAMILIAR

EM SEGUIDA, APRESENTAMOS UMA lista das principais intervenções judiciais e auxílios recebidos pela família desde sua chegada à Comarca em questão. Essas informações estão contidas no processo judicial instaurado como medida protetiva às crianças.

- Acolhimento institucional de Iara em um albergue quando chegou de outro estado.
- Os filhos foram acolhidos como medida institucional provisória.
- A comunidade local contribuiu com a família mobiliando a casa e no fornecendo alimentação.

ABORDAGEM À FAMÍLIA NO CONTEXTO DO CONSELHO TUTELAR

- Iara residiu em um asilo.
- As crianças voltaram a ser acolhidas na instituição anteriormente citada, um abrigo.
- Foi determinado pelo juiz que a mãe acompanhasse seus filhos em consultas médicas e em uma avaliação psicopedagógica.
- Os responsáveis pelo asilo custearam alguns aluguéis de uma casa para a genitora e os filhos.
- Foi determinado judicialmente que Iara frequentasse tratamento médico e psicológico, em centro especializado, na cidade de Ma. (cidade vizinha), para tratar do alcoolismo.
- As crianças estavam apresentando problemas de comportamento na escola e na creche, a mãe foi oficiada a tomar providências.
- Residindo com um novo companheiro, Iara solicitou apoio para conseguir sua própria casa.
- Foi determinado judicialmente que os filhos fossem encaminhados para programas de auxílio e tratamento psicológico.
- Júlio foi encaminhado para tratamento psicológico, pois estava apresentando comportamento inadequado na escola. Ele deveria ser atendido no mesmo local que a genitora, para que ela pudesse acompanhá-lo.
- Iara trabalhou como auxiliar de limpeza em um setor da prefeitura, além de vender produtos de beleza e panos de prato. Segundo ela, a esposa do prefeito a ajudava com as passagens para fazer o tratamento psicológico dela e do filho.
- Todos os filhos frequentaram escola e projetos sociais oferecidos pela rede municipal.
- Em virtude do desinteresse de Iara pelo tratamento para o alcoolismo no centro especializado, ela foi encaminhada para ser atendida pelo Serviço de Auxílio à Infância (SAI).
- As profissionais da Secretaria Municipal de Educação realizaram avaliação psicopedagógica do caso de Júlio, que não apresentou dificuldade em relação à aprendizagem.
- Foi determinado pelo juiz que Iara comparecesse aos atendimentos psicológicos no SAI.

- Iara foi encaminhada a uma comunidade terapêutica por nove meses para tratamento do alcoolismo.
- Os filhos foram recebidos em uma instituição de acolhimento provisório em uma cidade vizinha.
- Iara retornou do tratamento, alugou uma residência e solicitou que os filhos lhe fossem entregues para que cuidasse deles; para tal, foi determinado o acompanhamento pelo SAI.
- Iara trabalhou de gari como diarista para a prefeitura.
- Luís foi encaminhado para um projeto social, porém sua mãe não permitiu que ele o frequentasse.
- Foi sugerido a Iara frequentar as reuniões do grupo Alcoólicos Anônimos (AA).
- Iara não frequentou as reuniões do AA porque não se sentia bem com as pessoas que compareciam ao local. Foi determinado pelo juiz que os filhos frequentassem a escola e os projetos sociais, e a mãe participasse de outro grupo de apoio disponível no município.
- Iara não compareceu ao Programa de Apoio e Orientação às Famílias (terapia comunitária), ao qual foi encaminhada pelo juiz em audiência. Os filhos continuavam fora dos projetos sociais, pois foram expulsos destes por agredirem alguns colegas. Foi oficiada, então, a Secretaria de Ação Social, para que eles fossem novamente incluídos.
- Toda a família foi encaminhada à unidade de psicologia da universidade de uma cidade vizinha, para atendimento com acompanhamento do Conselho Tutelar. Iara frequentou esporadicamente o grupo de apoio à família (terapia comunitária).
- O juiz solicitou que o SAI providenciasse o retorno dos adolescentes à escola e aos projetos sociais.
- Foi determinado que Mario fosse encaminhado a uma comunidade terapêutica para tratar da dependência química.
- Luís frequentou atendimento psicológico, projeto social e escola.
- Júlio frequentou o supletivo e um projeto social do município.
- Iara foi encaminhada para fazer curso de cozinheira no Serviço Nacional de Aprendizagem Comercial (Senac).

ABORDAGEM À FAMÍLIA NO CONTEXTO DO CONSELHO TUTELAR

- Mario retornou de seu tratamento em comunidade terapêutica e participou do curso de confeiteiro do Senac. Tentou efetuar matrícula no Colégio B e não foi aceito por haver apresentado "comportamentos inadequados" anteriormente (segundo a diretora da escola).

- Luís frequentou a escola irregularmente, por isso foi matriculado em outra escola junto com sua mãe.

- O juiz requereu que a direção do Colégio B fosse oficiada a efetivar a matrícula de Mario; o colégio respondeu ao ofício comunicando que havia matriculado o jovem.

- Luís foi encaminhado para tratamento em casa de recuperação em consequência do uso abusivo de entorpecentes.

- Iara participou de três reuniões do grupo de apoio (Amor Exigente) para pais, e não voltou mais.

- Luís retornou do tratamento e estava encontrando dificuldades em ser reinserido no sistema escolar. O juiz solicitou que o SAI acompanhasse a frequência do adolescente na escola e observasse seu comportamento.

PERCEPÇÕES DOS ATORES PARTICIPANTES DAS DIFERENTES DECISÕES

PODEMOS OBSERVAR QUE A família foi constantemente assistida, mediante inúmeras intervenções e encaminhamentos, pela Vara da Infância e Juventude. Entretanto, esses auxílios não resultaram mudança significativa, apenas algumas melhoras durante períodos da vida familiar.

A *relação da família com o juiz* foi sempre por meio de determinações judiciais. Ambos relatam que não tiveram contatos pessoais até o momento das entrevistas. O juiz aponta o fato de que processos nas Varas da Infância e Juventude que envolvem adolescentes e não têm êxito após todas as intervenções passam para o âmbito criminal. Essa ocorrência foi verificada no caso estudado, quando a mãe expõe a situação atual de um de seus filhos (Mario) que, apesar de ter sido atendido antes, aos 18 anos passou para o sistema criminal onde cumpre pena em regime fechado. O jovem foi assistido pela Vara da Infância e Juventude, assim como seus outros irmãos, e recebeu inúmeros encaminhamentos de ajuda para dependência química, porém sua condição de vida não mudou.

A propósito da *relação da família com a promotora*, verificamos que ambas confirmam a ocorrência de um contato estreito por meio de diálogos e ajuda material. Esse relacionamento é tido como extremamente importante pela genitora e por Luís. Iara apontou algumas dificuldades no retorno do filho à rede de ensino, após seu tratamento em casa de recuperação. Esse fato foi confirmado nas narrativas da promotora e da psicóloga, quando se referem à relação mantida com a escola. A representante do Ministério Público admite ter tido de solicitar a inclusão do adolescente na escola por meio de ofício.

A *relação da família com o Conselho Tutelar* ocorreu mediante acompanhamento no cumprimento de medidas impostas pelo Poder Judiciário e solicitações do Ministério Público. Essas ações podem ser observadas por meio da narrativa de Iara, que contou com os conselheiros para acompanhá-la nas visitas a Luís durante seu tratamento em casa de recuperação. Vemos, inclusive, a participação do Conselho Tutelar em encaminhamentos feitos pelo juiz, quando o referido órgão acompanhava a mãe e os filhos em tratamento psicológico em um município vizinho. Além desse acompanhamento, tido como ação protetiva, a família vê o referido órgão como fiscalizador e representante da autoridade que ela julga não possuir. Essa ideia pode ser confirmada quando Iara relata solicitar a presença do Conselho no momento em que seus filhos apresentam uma conduta errada ou cometem atos infracionais, como furtos. Segundo os depoimentos da profissional da SAI, da mãe e do próprio jovem, não foi possível saber ao certo o começo dessa trajetória, pois eles apresentaram diferentes percepções em relação ao fato.

Diferentes percepções são encontradas quando se trata também das recaídas em relação ao uso de drogas. Iara aponta que Luís não usou drogas após o seu tratamento. A psicóloga relata que este teve uma recaída e foi encaminhado para passar mais alguns dias na casa de recuperação, versão que o adolescente confirma dizendo ter tido problemas em enfrentar a realidade sem fazer uso da droga.

A psicóloga e Luís concordam que a participação da família no processo de recuperação é fundamental para a mudança de todos. A mãe, porém, não frequentou os grupos de apoio disponíveis para os pais, afirmando que não se sentia bem nesses encontros. Em diversos momentos no processo judicial, são constatadas *ordens* para que Iara comparecesse aos atendimentos, sem sucesso. Em nenhum momento, porém, houve um convite para dialogar, esclarecer o fato e dar apoio à mãe.

Quanto aos atendimentos, Luís ressalta que, por ocasião da chegada da família no município, gostaria de ter recebido uma casa para morar, e não de ter sido acolhido. A psicóloga também aponta para a falha nesse aspecto, enfatizando que se a família tivesse um local para morar provavelmente a mãe teria mais estabilidade, maiores chances de cuidar dos filhos e de parar de usar álcool. Importante salientar que, na maioria das vezes, a família que é atendida pelo serviço público não tem voz, seus desejos e necessidades são ignorados – nesse caso, por exemplo, a de moradia. A colocação de Iara em uma instituição de acolhimento desqualificou-a totalmente como pessoa capaz de cuidar de si e de seus filhos, tirando dela a oportunidade de crescimento e de assunção de responsabilidade, situação reforçada pela revolta de Luís por não ter podido ficar com a mãe quando chegaram à cidade. Para Luís, o melhor atendimento recebido foi na casa de recuperação, tido por ele como um marco em sua vida, onde teve a chance de deixar de consumir drogas.

O encaminhamento que Luís recebeu para o curso profissionalizante no Senai foi interpretado como insatisfatório pela assistente social e pela psicóloga, uma vez que ele foi expulso do curso em razão de faltas acima do permitido e de uma suspeita de furto. O jovem justificou a quantidade excessiva de faltas e a desistência do curso por conta das más companhias, que também foram encaminhadas pela Secretaria de Ação Social. Algumas observações foram feitas a respeito de *progressos percebidos na família, pela rede de atendimento e por representantes do Sistema de Garantia de Direitos*: a promotora comenta que a família está melhor atualmente, mas vivencia altos e baixos, o que pode ser considerado algo comum em todas as famílias; a diretora escolar aponta que encontrou Iara com boa aparência e trabalhando, o que representa uma mudança positiva em relação à sua situação anterior.

Percebe-se, pelas narrativas da família atendida e dos profissionais envolvidos, a fragmentação dos serviços prestados. Em nenhum momento, promoveu-se o encontro entre eles, para que o sistema familiar fosse atendido como um todo.

MUDANÇA DE PARADIGMA DAS INTERVENÇÕES

É NESSE SENTIDO QUE se defende a necessidade de mudança de paradigma na organização e no funcionamento dos serviços da chamada rede de atendimento. A proposta é substituir a visão fragmentada de cada parte envolvida pela visão de todos os serviços como um sistema articulado do qual cada um deles constitui uma parte que se inter-relaciona com todas as demais resultando num todo organizado que é o *sistema*.

Nesse caso, haveria o sistema amplo (ou macrossistema), constituído de:

- Vara da Infância e Juventude.
- Conselho Tutelar.
- Serviço de Auxílio à Infância (SAI).

- Escola.
- Rede de atendimento: Secretaria da Ação Social, assistente social, psicóloga.

Cada um desses sistemas está envolvido no caso por meio de um ou mais representantes (Figura 1, na p. 124). De acordo com a visão sistêmica, podem-se vislumbrar neste relato três tipos de sistemas: o sistema amplo ou macrossistema, constituído por todos os setores responsáveis pela garantia dos direitos da infância e juventude; os microssistemas, formados pelos subsistemas do sistema amplo: a rede de assistência com o serviço de psicologia e o serviço social, a SAI; e, por último, a própria família em atendimento, que também se constitui como um sistema.

Para intervir com eficácia e eficiência nos problemas apresentados por essa família, além do trabalho em rede, sugere-se o conceito de Sistema Determinado pelo Problema (SDP), porque ele permite envolver os atores mais diretamente implicados a cada momento em que surge uma dificuldade no processo de atendimento. Assim, num primeiro momento, o SDP é constituído pelos representantes da Vara da Infância e da Família, para em seguida englobar o serviço social, o serviço de psicologia e depois a direção da escola trabalhando em rede. Embora os serviços social, educacional, psicológico e de saúde sejam denominados rede de atendimento, eles não caracterizam uma rede quanto ao funcionamento, pois cada qual tem regras de procedimento com âmbitos específicos que não se articulam uns com os outros.

Rede é um sistema aberto que, por meio de um mecanismo dinâmico entre seus integrantes e com integrantes de outros grupos, possibilita a potencialização dos recursos disponíveis. Cada setor ou cada subdivisão de um setor, assim como cada membro de uma família, um grupo ou uma instituição, se enriquece com as múltiplas relações que pode estabelecer com os demais.

No caso estudado, seria muito útil que houvesse uma rede entre psicologia, serviço social, escola e SAI, para que o encami-

LIANA FORTUNATO COSTA, MARIA APARECIDA PENSO
E MARIA INÊS GANDOLFO CONCEIÇÃO (ORGS.)

nhamento específico de Luís e a orientação de Iara fossem feitos entre a rede, isto é, por meio de uma análise conjunta do caso, visando organizar a sequência de ações necessárias para o alcance do objetivo comum a todos os envolvidos. Entretanto, apesar de alguns progressos, o problema da família não está solucionado, pois as intervenções em cada setor são desarticuladas umas das outras, atendendo aos aspectos pontuais mais urgentes de cada momento: ora internação, ora psicoterapia, matrícula na escola, participação da mãe em grupo de apoio. Em nenhum momento os envolvidos se reuniram para pensar soluções em comum. Visto que seus objetivos são os mesmos, mas suas intervenções são específicas de cada área, é preciso articulação para que se complementem e atinjam tais objetivos.

Algumas experiências nesse sentido têm sido feitas, tanto em outros países como no Brasil, demonstrando a viabilidade de trabalhar em redes com o SDP. Essas experiências permitem responder às questões que orientam e facilitam a articulação da família com os sistemas amplos. Quanto ao método, considera-se válido todo aquele que, em vez de culpar a família, procura com ela compreender as restrições do contexto, implícitas no processo de produção dos problemas.

ALGUNS PRINCÍPIOS BÁSICOS PARA ATUAÇÃO

- Analisar a história da vinculação da família com o Sistema de Garantia de Direitos e a rede de atendimento, por meio da obtenção da troca de informações entre os setores envolvidos, para evitar a repetição de ações sem efetividade. É aqui que se aplicam os conceitos de SDP e do trabalho em rede, que necessitam do encontro em um espaço comum para discussão do caso, levantamento dos problemas e dos recursos da família e de cada membro do SDP para o encaminhamento eficiente e eficaz.

ABORDAGEM À FAMÍLIA NO CONTEXTO DO CONSELHO TUTELAR

- Não há uma forma única de agir para garantir tal resultado. Cada caso tem suas peculiaridades. Daí a necessidade de conversar com a família para compreender de modo mais urgente sua história e a construção do seu problema, levantando suas possibilidades.

- Em seguida, é necessário reunir a rede de atendimento para discutir os possíveis encaminhamentos em função dos recursos que existem.

- Após essa etapa, reúnem-se os operadores do Sistema de Garantia de Direitos e a rede de atendimento para dar ciência dos encaminhamentos praticados, legitimando-os perante a autoridade encarregada.

A TROCA DE EXPERIÊNCIAS e informações entre profissionais contribui para um melhor andamento do caso e uma solução mais adequada e definitiva do problema. Esse resultado é alcançado na medida em que a complexidade dos fenômenos vividos pelas famílias em situação de vulnerabilidade (moradia, saúde, educação, inserção no mercado de trabalho) pode ser mais bem contemplada, e que as múltiplas e sucessivas crises vividas são avaliadas em conjunto nas suas inter-relações e consequências para cada membro do grupo.

A delimitação das competências de cada profissional se dá pela construção de políticas públicas que definam os parâmetros para tal objetivo. As políticas públicas precisam se adequar à diversidade das demandas da população quanto às suas necessidades particulares (família) e coletivas (comunidades), para que as intervenções realizadas estejam previstas em programas planejados para tais fins. Finalmente, para criar relações benéficas na rede, cada um dos elementos participantes deve ser identificado em seu contexto, com sua especificidade de atuação, de modo que em conjunto, articulando-se em torno de cada caso, possam se organizar de maneira complementar para criar as melhores opções de solução. Essa forma de funcionar implica, em nível de

LIANA FORTUNATO COSTA, MARIA APARECIDA PENSO
E MARIA INÊS GANDOLFO CONCEIÇÃO (ORGS.)

gestão, a participação dos setores municipais e suas equipes de trabalho para que as recomendações profissionais se cumpram. Outro aspecto a pensar é a formação dos profissionais para trabalharem em rede nos sistemas amplos. Para tanto, é importante primeiro buscar com os profissionais o tipo de informações de que eles precisam para instrumentar um trabalho em rede, e o tipo de apoio dos órgãos do Sistema de Garantia necessário para que possam realizar seu trabalho. Isso evidentemente implica uma mudança no sistema atual que reproduz a falta de diálogo entre instâncias, setores e profissionais. Essa proposta certamente contribui para resultados que evitem a geração de insucesso e fracasso que tanto preocupa os setores do Sistema de Proteção, das Varas de Família, das redes de atendimento e dos setores de serviços, na medida em que os atendimentos sejam realizados de acordo com as necessidades das famílias e não conforme a disponibilidade dos serviços. As possibilidades de empreender tais mudanças são enormes, pois quem conhece leis como o ECA e a Loas sabe que nelas estão contidos princípios que dão perfeito embasamento a tais ações.

REFERÊNCIAS

AUN, Juliana G. "Uma nova identidade para o profissional que lida com as relações humanas: o especialista em atendimento sistêmico". In: AUN, Juliana G.; VASCONCELLOS, Maria J. Esteves de; COELHO, Sônia V. *Atendimento sistêmico de famílias e redes sociais*. Belo Horizonte: Ophicina de Artes & Prosa, 2007. v. 2. tomo 1. p. 38-60.

AUN, Juliana G.; VASCONCELLOS, Maria José Esteves de; COELHO, Sônia V. "Família como sistema, sistema mais amplo que a família, sistema determinado pelo problema". In: _____. *Atendimento sistêmico de famílias e redes sociais*. Belo Horizonte: Ophicina de Artes & Prosa, 2007. v. 2. t. 1. p. 13-37.

COSTA, L. F. *et al*. "'A justiça é demorosa, burra e cega.' Percepções de famílias sobre a dimensão jurídica dos crimes de abuso sexual". *Boletim*

ABORDAGEM À FAMÍLIA NO CONTEXTO DO CONSELHO TUTELAR

de Psicologia, v. LVIII, n. 128, 2008, p. 85-102. Disponível em: <pepsic. bvsalud.org/pdf/bolpsi/v58n128/v58n128a07.pdf>.

NASCIMENTO, Maria Lívia do; CUNHA, Fabiana Lopes da; VICENTE, Laila Maria D. "A desqualificação da família pobre como prática de criminalização da pobreza". *Psicologia Política*, v. 14, n. 7, 2008. Disponível em: <pepsic.bvsalud.org/pdf/rpp/v7n14/v7n14a06.pdf>.

SANTOS, Márcia Regina R. dos; COSTA, Liana Fortunato. "Campo psicossocial e jurídico: relações de poder nas decisões de conflitos familiares". *Estudos de Psicologia*, Campinas, v. 27, n. 4, out./dez. 2010, p. 553-61. Disponível em: <www.scielo.br/pdf/estpsi/v27n4/13.pdf>.

_____. "O papel desempenhado pela justiça na história de uma família com denúncia de violência sexual". *Interações*, v. IX, n. 17, jan./jun. 2004, p. 133-54. Disponível em: <pepsic.bvsalud.org/pdf/inter/v9n17/v9n17a08.pdf>.

SIQUEIRA, Aline Cardoso *et al.* "Percepção das figuras parentais na rede de apoio de crianças e adolescentes institucionalizadas". *Arquivos Brasileiros de Psicologia*, v. 61, n. 1, 2009, p. 176-90. Disponível em: <146.164.3.26/index.php/abp/article/view/175/312>.

11 A escola e a proteção de crianças e adolescentes em situação de violência intrafamiliar

Alciane Barbosa Macedo Pereira
Maria Inês Gandolfo Conceição

NA INSTITUIÇÃO ESCOLAR, DE maneira especial, se estabelecem relações próximas que geram aprendizagem e desenvolvimento e permitem tomar conhecimento da vida particular dos educandos. Dessa forma, os educadores podem se tornar sensíveis à presença ou ausência da violência intrafamiliar. Nesse sentido, a escola, como uma das instituições sociais essenciais no desenvolvimento de crianças e adolescentes, deve se responsabilizar pela efetivação da proteção integral dessas pessoas, conforme previsto no Estatuto da Criança e do Adolescente (ECA, Lei nº 8069/90). No entanto, nem sempre os educadores e demais profissionais da educação sentem-se preparados para enfrentar as situações de violência contra crianças e adolescentes que surgem no seu cotidiano. Diante disso, discutiremos neste capítulo algumas relações possíveis entre a instituição educativa e a proteção de crianças e adolescentes.

A VIOLÊNCIA INTRAFAMILIAR NA ESCOLA

INICIALMENTE, É PRECISO CONSIDERAR que a violência intrafamiliar entra pelo portão da frente da escola. Por isso, é fundamental que professores, bem como todos os atores das instituições educativas que atendem crianças e adolescentes, compreendam o fenômeno da violência por meio de uma perspectiva crítica e ampliada. Isso deve ser feito não culpabilizando as famílias, mas fazendo parte da rede de apoio da qual elas necessitam para criar estratégias a fim de superar tal realidade. Dessa forma, faz-se necessário também entender o papel da escola como uma das instituições promotoras da proteção integral de crianças e adolescentes. No entanto, antes é preciso desnaturalizar a violência e desvelar alguns de seus determinantes.

É importante pensar a violência como relacional e expressa nos diferentes contextos sociais, inclusive no ambiente familiar, e ainda como um instrumento de poder. No caso da violência praticada contra crianças e dos adolescentes, a dimensão relacional está também implicada no abuso de poder, demonstrando uma falha no dever de proteção do adulto e da sociedade em geral, e numa coisificação das crianças e dos adolescentes, negando seu direito de ser tratados como sujeitos em condições especiais de crescimento e desenvolvimento. Nesse caso, há uma indiferenciação entre autoridade e violência.

Os profissionais da escola (diretores, coordenadores, professores e funcionários) relatam efeitos da violência intrafamiliar sobre o comportamento disciplinar e acadêmico dos alunos. Os comportamentos mais relatados, em relação ao aspecto disciplinar, são agressividade ou violência, desobediência, dificuldade de relacionamento, tendência a se isolar ou a ser muito agitado. Quanto ao aspecto acadêmico, observa-se: baixo rendimento, dificuldade de aprendizagem, desinteresse, dispersão e/ou desatenção. É importante considerar também a interação entre diversos elementos na ocorrência dos comportamentos descritos que precisam ser considerados, tais como a relação professor/aluno, o conhecimento das necessidades dos alunos e a falta de atribuição de sentidos por parte destes às intervenções do professor, entre outros.

Vale ressaltar também que, além do compromisso social, a atuação sobre crianças e adolescentes vítimas de violência é uma obrigação legal das instituições educativas. Nos arts. 5º, 13, 18 e 245 do Estatuto da Criança e do Adolescente (ECA), consta que nenhuma criança ou adolescente será objeto de qualquer forma de negligência ou omissão aos seus direitos fundamentais. Além disso, o ECA prevê que os casos de suspeita ou confirmação de violência contra criança ou adolescente de que se tenha conhecimento sejam obrigatoriamente comunicados ao Conselho Tutelar da localidade em questão, sem excluir outras providências legais.

Somado a isso, a legislação alerta para a obrigação de todos velarem pela dignidade da criança e do adolescente, colocando-os a salvo de qualquer tratamento desumano, violento, aterrorizante, vexatório ou constrangedor. Ao descumprir essa norma, caberá multa de três a 20 salários de referência, aplicando-se o dobro em caso de reincidência.

A violência intrafamiliar contra crianças e adolescentes, nas suas diferentes formas, no entanto, é denunciada principalmente em famílias de camadas populares, uma vez que parece haver um encobrimento dos casos ocorridos em outras classes sociais, colaborando para a desqualificação das famílias pobres nos cuidados de seus filhos. Essa ideia encontra-se reproduzida na fala de muitos educadores a respeito do que eles chamam de "família desestruturada", que na verdade corresponde àquelas cuja estrutura foge do padrão idealizado de modelo nuclear burguês.

Em vez de desqualificar, é necessário criar propostas que levem ao fortalecimento das relações familiares, em um trabalho conjunto com as redes sociais disponíveis – entre elas, a escola. A proteção integral prevista no Estatuto da Criança e do Adolescente só pode ser constituída nos relacionamentos cotidianos entre crianças, adolescentes e adultos. Assim, a escola precisa reconhecer a família como lugar legítimo para a educação de crianças e adolescentes e colaborar para o seu fortalecimento, possibilitando, assim, que ela assuma o seu papel, e viabilizando o início da garantia do direito à convivência familiar e comunitária prevista no ECA.

Vale ressaltar que tanto a instituição educativa como a família são espaços primordiais para o estabelecimento de ações preventivas e

LIANA FORTUNATO COSTA, MARIA APARECIDA PENSO
E MARIA INÊS GANDOLFO CONCEIÇÃO (ORGS.)

protetivas em relação à violência contra crianças e adolescentes. Seu enfrentamento necessita de um trabalho articulado junto das famílias, que não se trata meramente de levar os pais para a escola, mas sim de conhecer seus problemas mais frequentes, criando projetos que atendam às necessidades e dificuldades da comunidade escolar. Assim, professores e gestores escolares têm a possibilidade de rever suas práticas no atendimento a pais e alunos, não reforçando ações violentas na educação de crianças e adolescentes. Dessa forma, no lugar de ignorar ou omitir o problema, há a possibilidade de encontrar uma saída viável e coerente com a situação, aumentando o vínculo escola-família e melhorando o ambiente escolar.

A escola é um espaço fecundo tanto para a identificação da violência intrafamiliar contra crianças e adolescentes quanto para seu enfrentamento. Para tanto, é necessário deixar de conceber a denúncia como única possibilidade de encarar das ações violentas identificadas pelos professores e gestores na escola. As atividades escolares devem viabilizar o diálogo com a comunidade escolar, assim como a reflexão sobre esse fenômeno social. A escola pode amparar as crianças e os adolescentes implementando programas de proteção e garantindo um ambiente seguro no qual eles sejam valorizados e possam falar sobre suas experiências sem ser estigmatizados.

Na escola alunos e professores desenvolvem vínculos de confiança que permitem a estes entrar em contato com situações da vida privada de seus alunos. Por esse motivo, é fundamental que a formação de professores viabilize a aquisição de instrumentos teóricos e práticos para que eles possam lidar melhor com essa realidade, sem naturalizá-la ou banalizá-la.

PROPOSTAS E PROJETOS

EM VIRTUDE DA NECESSIDADE da formação docente para o enfrentamento da violência contra crianças e adolescentes, têm surgido

ABORDAGEM À FAMÍLIA NO CONTEXTO DO CONSELHO TUTELAR

algumas propostas. Uma delas foi a criação em 2003 do Guia Escolar, elaborado mediante uma ação conjunta entre a Secretaria de Educação Continuada, Alfabetização e Diversidade (Secad) e a Secretaria Especial dos Direitos Humanos (SEDH), que visa servir como instrumento aos educadores para identificar sinais de abuso e exploração sexual contra crianças e adolescentes.

Outra proposta é o projeto Escola que Protege, desenvolvido em 2004 pelo Ministério da Educação por meio da Secretaria de Educação Continuada, Alfabetização e Diversidade (Secad) com a finalidade de viabilizar ações de cunho educativo e preventivo para enfrentar a violência contra crianças e adolescentes. Em 2006, foi estabelecida como prioridade básica a formação de professores e demais profissionais envolvidos com a educação para atuarem como atores importantes na garantia dos direitos de crianças e adolescentes. A formação se concretizou mediante um curso de educação a distância, desenvolvido pela Universidade Federal de Santa Catarina, seguido de uma etapa presencial, realizada em todas as regiões do Brasil por universidades federais e estaduais.

O curso foi denominado "Formação de educadores: subsídios para atuar no enfrentamento à violência contra crianças e adolescentes". Percebe-se que a preocupação com a construção de propostas está presente principalmente em projetos de formação continuada. No entanto, não se encontram com facilidade projetos relacionados à violência contra crianças e adolescentes na formação inicial de professores, muito menos propostas que não possuam um viés imediatista para a solução dessa problemática.

Não dá para separar o processo educativo daquilo que se passa na escola e no mundo. Assim, é necessário pensar em propostas de formação docente, inicial ou continuada, que superem esse tipo de dicotomia. Nesse sentido, é importante desnaturalizar o olhar do docente para as questões que envolvem violência e considerar que as instituições educativas são parte da sociedade.

Além disso, é necessário que professores, ao discutir sobre violência com seus alunos, promovam com eles uma reflexão crítica a respeito do tema. Mas não podemos esquecer que essa reflexão deve ser contextualizada para que a criança ou o adolescente não sejam responsabilizados pela violência sofrida.

Enfrentar uma situação de violência intrafamiliar contra crianças e adolescentes não é simples para nenhum profissional, pois desperta muitas dúvidas e temores, uma vez que envolve crenças e valores arraigados na cultura. Por essa razão, somado ao suporte teórico, os professores precisam de apoio institucional para lidar com as situações de violência sofrida por seus alunos. As instâncias governamentais, tais como Conselho Tutelar, Delegacia Especializada ou Ministério Público, possuem a competência para acolher as denúncias realizadas e dar solução aos casos encaminhados. Nos casos de riscos à integridade física da escola ou do professor, as Secretarias Estaduais ou Municipais de Educação devem oferecer proteção e suporte à comunidade escolar.

É importante também considerar que o acompanhamento das denúncias feitas pelas escolas e demais setores das Secretarias Estaduais ou Municipais de Educação dá aos professores maior garantia de que os casos não serão esquecidos. Outro recurso para o fortalecimento dos profissionais da educação para lidar com situações de violência na escola é a realização de estudos de caso, a troca de experiências entre os professores e a supervisão continuada, que podem contribuir para a formação do professor, permitindo, assim, minimizar dúvidas e inseguranças sobre a forma de lidar com tais situações.

Como já exposto, a violência intrafamiliar contra crianças e adolescentes, em suas diversas expressões, entra na escola junto com os estudantes e todos os profissionais da educação, constituindo seus corpos, comportamentos e identidades. A escola não é uma ilha. Assim, ainda que se queira excluir a temática da violência intrafamiliar e deixá-la do lado de fora da escola, diante da dificuldade do enfrentamento de situações que a envolvem, da

ABORDAGEM À FAMÍLIA NO CONTEXTO DO CONSELHO TUTELAR

falta de respaldo institucional e de elementos de proteção para a própria escola, por mais que se tente negá-la, ela está na instituição e gera incômodo no cotidiano, particularmente da sala de aula, nas diferentes relações que são constituídas.

CONSIDERAÇÕES FINAIS

A VIOLÊNCIA INTRAFAMILIAR é questão importante e presente no cotidiano das escolas. Nesse contexto, os docentes e demais profissionais da educação são pessoas muito importantes para a humanização do tratamento dado às crianças e aos adolescentes. Por isso, os atores das instituições educativas são também fundamentais na discussão, no desvelamento e na mudança da realidade da violência intrafamiliar contra crianças e adolescentes. Tal mudança pode ocorrer por meio de ações que incluam a criança e o adolescente e considerem a responsabilidade dos adultos envolvidos, permitindo vislumbrar a efetivação dos direitos das crianças e dos adolescentes de ser protegidos de maneira integral. Tudo isso, no entanto, não exclui a luta pelo respaldo institucional necessário.

Por considerar a escola instituição social privilegiada, ela é sem dúvida um dos espaços possíveis de mudança das situações de violência intrafamiliar contra crianças e adolescentes. Para isso, é preciso superar a ideia reducionista de que a mera reflexão sobre a prática dará conta dos fenômenos que surgem no contexto escolar. Pelo contrário, a mudança é somente viabilizada pela reflexão fundamentada e pela experiência e articulação com todos cujo objetivo e responsabilidade são a proteção de crianças e adolescentes.

LIANA FORTUNATO COSTA,MARIA APARECIDA PENSO
E MARIA INÊS GANDOLFO CONCEIÇÃO (ORGS.)

REFERÊNCIAS

CHRISPINO, Álvaro; DUSI, Míriam Lucia H. M. "Uma proposta de modelagem de política pública para a redução da violência escolar e promoção da Cultura da Paz". *Ensaio: Avaliação e Políticas Públicas em Educação*, Rio de Janeiro, v. 16, n. 61, out./dez. 2008, p. 597-624. Disponível em: <www.scielo.br/pdf/ensaio/v16n61/v16n61a07.pdf>.

FALEIROS, Vicente de P. "Parar o abuso e desenvolver a proteção". In: FORTUNATO, Liana Costa; LIMA, Helenice G. Dias de (eds.). *Abuso sexual: a Justiça interrompe a violência*. Brasília: Liber Livro, 2008. p. 159-70.

FALEIROS, Vicente de P.; FALEIROS, Eva S. *Escola que protege: enfrentando a violência contra crianças e adolescentes*. Brasília: Ministério da Educação, Secretaria de Educação Continuada, Alfabetização e Diversidade, 2008. Disponível em: <portal.mec.gov.br/secad/arquivos/pdf/escqprote_eletronico.pdf>.

RIBEIRO, Marisa Marques; MARTINS, Rosilda Baron. *Violência doméstica contra a criança e o adolescente – A realidade velada e desvelada no ambiente escolar*. Curitiba: Juruá, 2011.

RISTUM, Marilena. "A violência doméstica contra crianças e as implicações da escola". *Temas em Psicologia*, v. 18, n. 1, 2010, p. 231-42. Disponível em: <pepsic.bvsalud.org/pdf/tp/v18n1/v18n1a19.pdf>.

SANDERSON, Christiane. *Abuso sexual em crianças – Fortalecendo pais e professores para proteger crianças contra abusos sexuais e pedofilia*. São Paulo: M. Books, 2005.

SILVA, Maria A. Alves da. *A violência física intrafamiliar como método educativo punitivo-disciplinar e os saberes docentes*. Dissertação (Mestrado em Educação) – Programa de Pós-Graduação em Educação, Universidade Federal de Goiás, Goiânia, 2008. Disponível em: <www.ppge.fe.ufg.br/uploads/6/original_Dissert-%20Maria%20Aparecida.pdf>.

SUDBRAK, Maria Fátima O.; CONCEIÇÃO, Maria Inês G. "Jovens e violência: vítimas e/ou algozes". In: COSTA, Liana F.; ALMEIDA, Tania M. Campos de (orgs.). *Violência no cotidiano – Do risco à proteção*. Brasília: Universa; Liber Livro, 2005. p. 185-98.

VIODRES INOUE, Silvia Regina; RISTUM, Marilena. "Violência sexual: caracterização e análise de casos revelados na escola". *Estudos de Psicologia*, Campinas, v. 25, n. 1, jan./mar. 2008, p. 11-21. Disponível em: <www.scielo.br/pdf/estpsi/v25n1/a02v25n1.pdf>.

12 A importância da visita domiciliar para a manutenção dos direitos da infância e da adolescência

Rosa Maria Stefanini Macedo

A VISITA DOMICILIAR é um dos elementos-chave para o sucesso dos atendimentos que envolvem a família. O técnico da rede é o principal operador dessa ação, sendo, portanto, indispensável que ela se concretize com eficácia. A qualidade da relação entre os agentes técnicos e as famílias é, em si, uma contribuição fundamental para a mudança da posição da família quanto à situação de vulnerabilidade na qual ela se encontra e para a solução dos problemas a ela relacionados. Tal mudança ocorre na medida em que a família se sente ouvida, acolhida, respeitada, compreendida e representada perante o poder público, o qual ela supõe ser capaz de resolver ou contribuir para a resolução de suas dificuldades.

A visita domiciliar é um espaço de conhecimento do capital social das famílias. Tendo em vista que as informações da família são compartilhadas com os operadores e por eles valorizadas e respeitadas, a consciência dessa família sobre as condições concretas da própria vida e os recursos que possui para enfrentar as dificuldades do dia a dia podem aumentar, contribuindo para o desenvolvimento da proatividade familiar.

Ao ampliar os horizontes da família sobre as oportunidades de apoio, a visita domiciliar encoraja o fortalecimento da rede familiar, bem como o engajamento da família nas redes construídas com a comunidade e as instituições, na medida em que ela adquire informação sobre as atividades da rede de atendimento e suas relações com os setores do macrossistema envolvidos em cada situação-problema, quais sejam: Poder Judiciário, Defensoria

Pública, Ministério Público, Conselhos Tutelares, Secretaria da Justiça, Centros de Defesa, Secretaria da Segurança Pública.

O QUE É UMA VISITA DOMICILIAR?

A VISITA DOMICILIAR É um encontro, no local de moradia das famílias, entre um técnico do Sistema de Garantia dos Direitos da Infância e Adolescência e um membro responsável da família em pauta. A visita domiciliar é um momento de maior proximidade com a família fora do espaço institucional, em que se tenta conhecer melhor e mais profundamente sua realidade. O profissional que a realiza entra no domicílio das famílias atendidas e procura estabelecer um diálogo com o representante ou alguma outra pessoa presente na casa, desde que esta não seja uma criança desacompanhada de algum jovem ou de um adulto.

QUEM REALIZA A VISITA DOMICILIAR?

PREFERENCIALMENTE, AS VISITAS SÃO realizadas pelos técnicos dos serviços da Rede de Atendimento do Sistema de Garantia de Direitos da Infância e Adolescência. Tal técnico é o elo de ligação entre a família e esse sistema. A seguir, são apresentadas as orientações para a realização da visita domiciliar pelo conselheiro tutelar – qualquer profissional orientado, no entanto, pode realizá-la.

POR QUE REALIZAR A VISITA DOMICILIAR?

PARA INDIVIDUALIZAR E ESPECIFICAR as demandas necessárias com o público-alvo, compreender melhor o contexto em que a família vive, considerando suas peculiaridades e seu territory para complementar os dados que ajudarão a compreender o assunto em causa. É um recurso para obter conhecimento personalizado de cada família por meio de um profissional preparado para ouvi-la, apoiá-la e se comunicar com ela. Facilita-se, assim, o levantamento das condições concretas da vida das famílias em cada território, permitindo maior adequação das ações da rede. A visita domiciliar também possibilita a formação e o consequente fortalecimento do vínculo de confiança entre os agentes, os técnicos e os integrantes das famílias.

COMO FAZER UMA VISITA DOMICILIAR?

A. PREPARANDO O TERRENO

1 Ao receber a indicação da visita, o conselheiro consulta os dados de identificação da família.

2 A seguir, ele sai para o território a fim de conhecer a comunidade e tornar-se conhecido nela. É bom realizar essa tarefa na companhia de líderes comunitários, pastores, padres, ou outras pessoas de referência no local, para que possa ser visto pelos moradores com alguém confiável, o que facilita sua entrada e aceitação na comunidade.

B. FAZENDO AS VISITAS

1 A primeira providência é a preparação da visita pelos profissionais dos setores. Isso requer consultar os dados cadastrais e de composição familiar.

2 O conselheiro deve sempre sair ao território com o objetivo da visita claramente definido. Mesmo que ele já tenha sido apresentado à comunidade e às famílias, é necessário ter cautela ao bater à porta. Ele deve procurar entrar somente

quando convidado ou conduzido, em respeito às regras de privacidade de cada família.

3 O ambiente domiciliar pertence ao indivíduo e à família, diferentemente de quando se atende institucionalmente, local onde a equipe técnica se sente à vontade, segura e protegida. O domicílio é o lugar seguro da família. É preciso cuidar para não ser invasivo ao entrar nas residências.

4 O conselheiro deve informar-se sobre os dias e horários que sejam propícios para as famílias receberem a visita, respeitando suas rotinas e hábitos relacionados a trabalho, compromissos e tarefas domésticas.

5 O profissional deve favorecer a própria inclusão e aceitação, buscando uma atitude humanista de espontaneidade, ou seja, evitar adotar um papel frio e distante. É preciso ter atitude solidária e acolhedora, de escuta respeitosa aos problemas e às explicações apresentados pelas famílias. É muito importante que, ao realizar a visita, ele demonstre ter disposição e disponibilidade para ouvir e ajudar a família, de alguma forma.

6 Caso a família coloque alguma questão que o conselheiro não saiba responder no momento, ele deve ser honesto e dizer que não sabe responder, mas vai pesquisar, podendo se comprometer a trazer a informação na próxima visita.

7 Nunca informar telefones e outros dados pessoais. O vínculo com a família é institucional, sendo o conselheiro o seu representante naquela situação.

C. COM QUEM FAZER AS VISITAS

Embora haja a indicação de um representante legal da família, havendo disponibilidade e oportunidade, outras pessoas da casa podem ser ouvidas na conversação, com ou sem a presença dele. Isso contribui para melhor compreensão da dinâmica familiar. É importante lembrar que as crianças podem fazer parte da conversa, mas não ser as únicas interlocutoras na visita domiciliar.

D. O QUE ABORDAR E O QUE OBSERVAR NAS VISITAS

1 Na primeira visita, o conselheiro deve observar o contexto geral da casa da família.

2 Quando necessárias mais visitas, os temas destas podem ser abordados para esclarecer, ajudar, estimular, avaliar e registrar as questões das tarefas que fazem parte dos objetivos, das responsabilidades e da participação da família.

3 O conselheiro deve se dispor a ouvir as preocupações e necessidades que trouxerem os familiares.

4 A cada visita domiciliar, o conselheiro deve anotar os pontos principais da conversa com a família.

5 O profissional deve observar as condições espaciais, de higiene e urbanização dos territórios e das residências, tais como o estado das ruas e vielas, rede de esgoto e a presença de córregos sem canalização muito próximos às casas. Atentar para rede de energia elétrica, lixo nas ruas, material e tipo de construção das moradias, disposição, proximidade e distância entre elas. Também deve, observar a presença e a circulação de animais, tanto domésticos quanto de tração (cavalos, bois, vacas, cabras) ou outros nocivos à saúde (ratos, insetos, cobras etc.).

6 Dentro das casas, deve observar a divisão dos espaços, a disposição dos cômodos, a arrumação de utensílios, alimentos, roupas, material escolar e outros objetos em lugares próprios. Além disso, atentar para as questões de higiene, como limpeza, presença de insetos e animais domésticos, locais para armazenamento do lixo e existência de cômodo próprio para banhos e necessidades fisiológicas.

7 O conselheiro deve observar e registrar atitudes presentes na relação com ele e entre as pessoas da casa no que diz respeito a:

- maneira como as pessoas falam umas com as outras e às palavras usadas;

LIANA FORTUNATO COSTA, MARIA APARECIDA PENSO
E MARIA INÊS GANDOLFO CONCEIÇÃO (ORGS.)

- autoridade e presença de hierarquia entre os membros da família;
- expressões emocionais e de afeto;
- proximidade e distância entre os familiares;
- presença de regras e de limites;
- colaboração e cooperação entre os membros;
- distribuição de tarefas;
- assuntos tabus e segredos entre os integrantes da família;
- crenças e valores.

8 Havendo dificuldades para entrar nos domicílios, deve-se procurar levantar os motivos de tal resistência. Muitas vezes, eles se relacionam a questões de gênero, religião, crenças, valores, entre outras, tais como medo, desconfiança, timidez, ciúmes do parceiro, receio da fofoca dos vizinhos – principalmente se o técnico for de sexo diferente da pessoa que recebe a visita. Nesses casos, é possível criar estratégias para contornar os problemas, como organizar duplas de profissionais de ambos os sexos e estabelecer códigos de ação para diferentes situações, sejam de perigo, ameaça ou desconforto, quando estiverem em campo.

O PAPEL DO PROFISSIONAL NA VISITA DOMICILIAR

O CONSELHEIRO FAZ o elo entre as famílias e os setores responsáveis pela garantia de direitos, por meio de um vínculo positivo construído nas interações com as pessoas; ele não deve tomar os problemas para si, sentindo-se responsável por resolver as demandas da família. Seu papel é colaborar para que estas sejam atendidas, buscando maneiras de informar, encaminhar, facilitar ações que promovam a proatividade dos membros da família na direção da solução dos seus problemas. Ele deve ser solidário, acolhedor, amistoso, mas não deve confundir o seu papel com os de:

ABORDAGEM À FAMÍLIA NO CONTEXTO DO CONSELHO TUTELAR

- **Juiz:** Evitar dar sentença, fazer julgamentos morais ou dizer quem está certo ou errado em determinada situação apresentada pela família.

- **Amigo:** Os vínculos serão sempre profissionais, e não de intimidade como ocorre entre amigos. Durante a visita, deve estar atento para os tipos de sentimentos e intimidades que se revelam nas conversas, evitando tomar partido de alguém da casa diante de opiniões diferentes, por maior que seja o grau de identificação com a pessoa ou questão abordada.

- **Detetive ou Policial:** Dar espaço para que as famílias explorem e perguntem espontaneamente o que quiserem à sua própria maneira. Não assumir atitude excessivamente curiosa quanto a detalhes que fogem do objetivo da visita, tomando o cuidado de não pressionar as pessoas a dizer aquilo que espera ouvir. Evitar colocar palavras na boca do outro.

- **Deus:** Não adotar postura de "salvador da pátria". A responsabilidade das decisões deve ser sempre devolvida à família, estimulando-a com perguntas cuidadosas na busca de seus recursos e de suas próprias escolhas para explicar a situação em que se encontra.

- **Olheiro:** Evitar atitude curiosa que dê a impressão de investigador, "dedo-duro" ou "fofoqueiro".

- **Professor:** Priorizar as atitudes de falar menos e ouvir mais. Deve estimular a família a se expressar, validando os saberes que ela possui, em suas próprias palavras. Evitar demonstrar ar de superioridade por possuir um saber supostamente melhor e mais correto do que o conhecimento da família. O papel do conselheiro é ajudar a família a encontrar o que é melhor para si.

Os conteúdos da visita são estritamente sigilosos, devendo o conselheiro manter o absoluto segredo profissional. Isto é, as informações circulam apenas entre os profissionais do Sistema de Garantia de Direitos da Infância e Adolescência com muita discrição, os quais não devem comentá-las com ninguém fora do ambiente.

Salienta-se por último a questão da diversidade cultural, elemento básico da competência dos trabalhadores nos setores de atendimento do serviço público.

1 Considerar, na abordagem das famílias, os diferentes arranjos que elas podem ter para evitar estigmatizá-las como "problemáticas" ou "desestruturadas" quando não seguem o modelo ideal de pai, mãe, filhos. Lembrar, portanto, que família deve ser pensada e encarada como uma unidade de cuidado, proteção e laços afetivos, e não pela sua estrutura, isto é, por quem são seus componentes.

2 Ao trabalhar com o diferente, ter cuidado para não assumir atitude de "endurecer" na relação ou fazer julgamento de valor.

3 Se a família o faz lembrar seus próprios sofrimentos e questões, por semelhança, tentar não "amolecer" e identificar-se a ponto de se tornar íntimo, trocando experiências pessoais e, portanto, saindo da posição profissional; é necessário ser empático, mas diferenciado.

4 Reconhecer quando se sentir muito "tocado" pelos problemas e sofrimentos da família a ponto de ficar fragilizado demais e sem condições de realizar o trabalho. Pedir então para outro colega assumir o caso ou acompanhá-lo na visita.

Todas essas recomendações são necessárias pela importância que a visita domiciliar tem como estratégia metodológica, razão pela qual se espera que o profissional que a realize esteja bem preparado, pessoal e tecnicamente.

REFERÊNCIAS

BRANDÃO, Shyrlene N.; COSTA, Liana F. "Visita domiciliar como proposta de intervenção comunitária". In: RIBEIRO, Marai Alexina; COSTA, Liana F. (orgs.). *Família e problemas na contemporaneidade: reflexões e intervenções do Grupo Socius*. Brasília: Universa, 2004. p. 157-79.

DUARTE, Yeda A. O.; Diogo, Maria José D. *Atendimento domiciliar – Um enfoque gerontológico*. São Paulo: Atheneu, 2000.

MANO, Maria A. Medeiros. "Casa de família – Uma reflexão poética sobre a visita domiciliar e a produção de conhecimento". *Revista APS*, v. 12, n. 4, out./dez. 2009, p. 459-67. Disponível em: <www.seer.ufjf.br/index.php/aps/article/view/660/270>.

TULIO, Elaine Cristina; STEFANELLI, Maguida Costa; CENTA, Maria de Lourdes. "Vivenciando a visita domiciliar apesar de tudo". *Família, Saúde e Desenvolvimento*, v. 2, n. 2, jul./dez. 2000, p. 71-9. Disponível em: <www.nescon.medicina.ufmg.br/biblioteca/imagem/2102.pdf>.

RAMOS-CERQUEIRA, Ana T. de Abreu *et al*. "Um estranho à minha porta: preparando estudantes de Medicina para visitas domiciliares". *Revista Brasileira de Educação Médica*, v. 33, n. 2, 2009, p. 276-81. Disponível em: <www.scielo.br/pdf/rbem/v33n2/16.pdf>.

13 Desafios para os Conselhos Tutelares: acompanhar os casos e articular redes

Maria Aparecida Penso

ASPECTOS FORMAIS E JURÍDICOS DOS ACOMPANHAMENTOS REALIZADOS PELO CONSELHO TUTELAR

A Constituição Federal, em seu art. 227, e o Estatuto da Criança e do Adolescente (ECA) estabelecem que crianças e adolescentes são sujeitos de direitos, prioridade absoluta nas políticas públicas e responsabilidade de todos (família, sociedade e Estado), sendo os Conselhos Tutelares responsáveis pelo cumprimento desses princípios.

Os conselheiros tutelares têm muitas atribuições previstas no art. 136, inc. I, do ECA, além de outras que foram inseridas em razão da Lei nº 12.010/2009. O cumprimento de todas essas tarefas pressupõe uma grande integração entre Conselhos Tutelares e demais atores do Sistema de Garantia de Direitos: Varas de Infância e Juventude, Ministério Público, Defensoria Pública e políticas sociais básicas (saúde, educação, assistência social), além da segurança pública, com o objetivo de agilizar o atendimento de crianças e adolescentes em situações de vulnerabilidade.

Não podemos esquecer também que é essencial que os Conselhos Tutelares tenham à disposição a infraestrutura física e os equipamentos adequados para o exercício de suas funções. Isso está disposto no documento do Conanda, de 2001, *Parâmetros de funcionamento dos Conselhos Tutelares*. Nele, é recomendado que o Executivo municipal providencie local adequado para se-

REFLEXÕES SOBRE A ATUAÇÃO DOS CONSELHOS TUTELARES

PODEMOS CONSTATAR QUE SÃO muitas as atribuições dos conselheiros tutelares, o que exige capacitação continuada, além de conhecimento profundo das demandas e necessidades da comunidade específica à qual eles estão vinculados e dos equipamentos das políticas públicas obrigatórias: escolas, creches, centros de saúde, equipes da Estratégia de Saúde da Família, Centros de Atenção Psicossocial (Caps I, II e III, Caps ad II, Caps ad III, Capsi e Capsi ad), hospitais, Centros de Referência Especializada em Assistência Social (Creas), Centros de Referência em Assistência Social (Cras), instituições de acolhimento de crianças e adolescentes, entre outros.

O conselheiro tutelar também precisa conhecer todas as instituições não governamentais e/ou religiosas que prestam algum tipo de atenção a crianças e adolescentes em situação de vulnerabilidade e suas famílias, em sua área de atuação. Isso reforça a importância de que o conselheiro tutelar seja alguém que pertença àquela comunidade na qual pretende atuar e conheça razoavelmente todos os atores do Sistema de Garantia de Direitos e outros equipamentos de atenção a crianças, adolescentes e famílias fragilizados.

Além disso, sempre que o Conselho Tutelar recebe algum tipo de denúncia de violação de direitos, deve realizar o atendimento da criança ou adolescente e de sua família, verificando que medidas de proteção são necessárias para resguardar seus direitos. Isso pressupõe habilidade e disponibilidade para ouvir e conversar com os diferentes atores envolvidos, buscando melhor compreensão da situação. Importante ressaltar que a habilidade para conversar e ouvir precisa estar ancorada em conhecimentos específicos

ABORDAGEM À FAMÍLIA NO CONTEXTO DO CONSELHO TUTELAR

sobre o desenvolvimento biopsicossocial de crianças e adolescentes, na diversidade de modelos familiares e numa perspectiva crítica sobre as diferenças socioculturais do nosso país.

Em resumo, os encaminhamentos/acompanhamentos a ser realizados pelos conselheiros tutelares só serão efetivos se eles conhecerem a comunidade, os equipamentos das políticas básicas de atendimento e fizerem atendimentos nos quais crianças, adolescentes e suas famílias possam se expressar de forma aberta e honesta. Portanto, apenas alguém altamente preparado será capaz de exercer essa função com eficiência. Mas sua atuação somente produzirá resultados satisfatórios se ele estiver inserto numa rede eficaz e se comunicar de forma clara, objetiva e constante. Vale ressaltar ainda que, mais do que *encaminhar*, cabe ao conselheiro tutelar o *acompanhamento* dos casos de violação de direitos de crianças e adolescentes em sua área de atuação, garantindo assim a efetividade da proteção presente nos discursos legais e institucionais.

Torna-se importante, aqui, uma diferenciação entre encaminhamento e acompanhamento. Muitas vezes, os encaminhamentos têm como função apenas "livrar-se do problema", não representando articulação com a rede de atenção. São os encaminhamentos que podemos denominar "vazios", pois não esclarecem o real problema para a instituição para a qual se encaminhou, não solicitam retorno sobre as providências que foram tomadas nem propõem ações integradas dessas instituições com o Conselho. Trata-se apenas de procedimentos burocráticos, preocupados com aspectos formais e não com as pessoas envolvidas e sofrendo com a situação. Nesse caso, não se estabelece uma rede de atenção e cuidados para com a criança ou o adolescente (e sua família) que tiveram seus direitos violados.

A proposta que consideramos mais adequada é aquela de acompanhamento do caso, que se configura como uma situação bem mais complexa e desafiadora. Assim, o conselheiro tutelar precisa ter uma postura proativa, estar presente junto com a

LIANA FORTUNATO COSTA, MARIA APARECIDA PENSO
E MARIA INÊS GANDOLFO CONCEIÇÃO (ORGS.)

criança ou o adolescente e sua família em todas as etapas necessárias para a resolução do problema em questão, por meio de
contatos frequentes com as vítimas e suas famílias e com as instituições da rede pública de atenção ou da sociedade civil para
favorecer a vinculação entre esses atores, ampliar a rede social
das famílias na tentativa de fortalecê-las, empoderá-las e garantir
seus direitos aos devidos atendimentos: psicológico, de saúde física, educação, cultura, esporte, creche, entre outros.

Todas essas ações devem ser realizadas garantindo que o
acompanhamento não se transforme em controle sobre as crianças e os adolescentes e suas famílias já tão fragilizadas. Romper
com os encaminhamentos "vazios" e fazer acompanhamentos
efetivos, sem retirar a autonomia das famílias e sujeitos envolvidos, é o grande desafio dos Conselhos Tutelares. Soma-se a isso a
necessidade de flexibilidade no acompanhamento, com maior
atenção sendo conferida a uma ou a outra família, conforme suas
características e suas necessidades que, inclusive, poderão mudar
durante o processo de acompanhamento.

ÚLTIMAS PALAVRAS: A ATUAÇÃO EM REDE

NO SISTEMA DE GARANTIA de Direitos da Criança e do
Adolescente, os Conselhos Tutelares são os responsáveis por
zelar pelos seus direitos. Além disso, diferentes políticas públicas
e legislações, como o Estatuto da Criança e do Adolescente
(ECA), a Lei Orgânica de Assistência Social (Loas), o Sistema
Único de Assistência Social (Suas), a Lei de Diretrizes Básicas da
Educação (LDB) e o Sistema Único de Saúde (SUS), pressupõem
redes de proteção, nas quais se combinam políticas universais
com a segurança social básica pública como direito de todos os
cidadãos e, portanto, incluem as crianças e os adolescentes em
situação de vulnerabilidade e suas famílias. Isso significa que a
proteção só será eficaz se for constituída uma rede de proteção,

ABORDAGEM À FAMÍLIA NO CONTEXTO DO CONSELHO TUTELAR

com linhas de ação definidas e realização de trabalhos conjuntos, em que cabe ao conselheiro tutelar o acompanhamento de cada caso de forma individualizada. A construção de um trabalho em rede é imprescindível para favorecer a proteção e garantir os atendimentos necessários. É muito importante que haja maior aproximação das famílias, maior conhecimento de suas questões, dificuldades, habilidades e recursos pessoais. O acompanhamento não traz resultados efetivos, porém, se a rede não atuar de forma eficaz e articulada. Isso significa que precisamos pensar a proteção integral como a união também integral entre os dispositivos legais de proteção, a prestação jurisdicional, as ações de assistência social, de educação, de saúde, de esporte, de lazer, de cultura, de qualificação profissional e de geração de renda, enfim, de ofertas de oportunidades de desenvolvimento pessoal e social que favoreçam e promovam uma vida digna e humanizada.

REFERÊNCIAS

BRASIL. *Parâmetros de funcionamento dos Conselhos Tutelares*. Brasília: Conanda, 2001.

COSTA, Maria Conceição Oliveira *et al*. "O perfil da violência contra crianças e adolescentes, segundo registros de Conselhos Tutelares: vítimas, agressores e manifestações de violência". *Ciência & Saúde Coletiva*, v. 12. n. 5, 2007, p. 1129-41. Disponível em: <www.scielosp.org/pdf/csc/v12n5/04.pdf>.

FERREIRA, Ana L. "Acompanhamento de crianças vítimas de violência: desafios para o pediatra". *Jornal de Pediatria*, v. 81, n. 5, 2005, p. S173-80. Disponível em: <www.scielo.br/pdf/jped/v81n5s0/v81n5Sa07.pdf>.

FERREIRA, Ana L.; SOUZA, Edinilza Ramos de. "Análise de indicadores de avaliação do atendimento a crianças e adolescentes em situação de violência". *Cadernos de Saúde Pública*, Rio de Janeiro, v. 24, n. 1, jan. 2008, p. 28-38. Disponível em: <www.scielosp.org/pdf/csp/v24n1/03.pdf>.

GEBELUKA, Rosmeri Aparecida D.; BOURGUIGNON, Jussara Ayres. "Configuração e atribuições do Conselho Tutelar". *Emancipação*, Ponta

LIANA FORTUNATO COSTA, MARIA APARECIDA PENSO
E MARIA INÊS GANDOLFO CONCEIÇÃO (ORGS.)

Grossa, v. 10, n. 2, 2010, p. 551-62. Disponível em: <dialnet.unirioja.es/
servlet/articulo?codigo=3629102>.

MARTINS, Christine B. de Godoy; JORGE, M. Helena Prado de Mello. "A
violência contra crianças e adolescentes: características epidemiológi-
cas dos casos notificados aos Conselhos Tutelares e programas de
atendimento em município do Sul do Brasil, 2002 e 2006".
Epidemiologia e Serviços de Saúde, Brasília, v. 18, n. 4, out./dez. 2009,
p. 315-34. Disponível em: <scielo.iec.pa.gov.br/pdf/ess/v18n4/
v18n4a02.pdf>.

_____. "Desfecho dos casos de violência contra crianças e adolescentes no
Poder Judiciário". *Acta Paulista de Enfermagem*, v. 22, n. 6, 2009, p. 800-
-7. Disponível em: <www.scielo.br/pdf/ape/v22n6/a12v22n6.pdf>.

MASCARENHAS, Márcio D. Medeiros *et al.* "Violência contra a criança:
revelando o perfil dos atendimentos de emergência, Brasil, 2006 e
2007". *Cadernos de Saúde Pública*, Rio de Janeiro, v. 26, n. 2, fev. 2010,
p. 347-57. Disponível em: <www.scielo.br/pdf/csp/v26n2/13.pdf>.

QUADROS, Pedro Oto de. "Governantes em conflito com a lei". *Revista de
Artigos do Ministério Público do Distrito Federal e Territórios*, Brasília, n.
4, 2010, p. 209-30. Disponível em: <www.mpdft.mp.br/revistas/index.
php/revistas/article/viewFile/38/36>.

SANTOS, Ana Pereira dos. "Violência sexual infantojuvenil: problematizan-
do os desafios do atendimento a partir da análise de um caso clínico".
Mental, Barbacena, ano X, n. 18, jun. 2012, p. 89-108. Disponível em:
<pepsic.bvsalud.org/pdf/mental/v10n18/a06v10n18.pdf>.

SANTOS, Samara Silva dos; DELL'AGLIO, Débora Dalbosco. "Quando o
silêncio é rompido: o processo de revelação e notificação de abuso
sexual infantil". *Psicologia & Sociedade*, v. 22, n. 2, 2010, p. 328-35.
Disponível em: <www.scielo.br/pdf/psoc/v22n2/13.pdf>.

14 Estudo de casos
Liana Fortunato Costa
Maria Aparecida Penso
Maria Inês Gandolfo Conceição

NESTE CAPÍTULO, APRESENTAM-SE ALGUNS casos retirados da experiência das autoras, com o objetivo de discutir modos de compreensão e de ação interventiva. Todos os nomes são fictícios e as informações foram alteradas para impedir identificação.

CASO 1 – CRIANÇAS VÍTIMAS DE VIOLÊNCIA FÍSICA

PEDRO (45 ANOS) é casado com Joice (40 anos) há 18 anos e eles têm três filhos: Pedrita (13 anos), João (11 anos) e Mariana (9 anos). A mãe procurou o Conselho Tutelar para denunciar os maus-tratos do pai com relação às filhas, Mariana e Pedrita. Joice relata que Pedro bebe muito e espanca as meninas e a ela também. Ela já pensou em separar-se dele, mas não tem como sustentar os filhos, porque não tem profissão e estudou somente até a quinta série. Além disso, quando diz a Pedro que vai embora, ele responde que ela pode ir, mas que as crianças ficam com ele. Segundo Joice, os filhos choram muito e pedem que ela não vá, porque têm medo do pai.

As crianças estão com problemas na escola e Mariana tem feito xixi na cama quase todas as noites. Mariana sempre teve muitas dificuldades escolares, para ler, escrever e se concentrar em sala de aula. Ela troca letras e verbos nas redações, outro motivo para que o pai a espanque. Além disso, acorda chorando porque tem muitos pesadelos. Pedrita já foi reprovada duas vezes na quinta série, agora está namorando e a mãe teme que eles já

LIANA FORTUNATO COSTA, MARIA APARECIDA PENSO
E MARIA INÊS GANDOLFO CONCEIÇÃO (ORGS.)

tenham tido relações sexuais, mas não tem coragem de perguntar. Também não leva a filha ao médico do posto de saúde, perto de sua casa, desde que ela fez 11 anos e deixou de ser acompanhada pelo pediatra. Joice relata que é do interior do Ceará e de uma família muito pobre. Antes dos 10 anos de idade, fugiu de casa para se proteger, já que era muito espancada pelo pai e não havia, em sua família, nenhum outro adulto que pudesse protegê-la. Trabalhou como doméstica desde criança e mudou-se para uma capital, casando--se nessa cidade. Depois de se casar, não trabalhou mais. A renda familiar advém do trabalho do marido como vigilante. Todos os gastos são controlados por Pedro.

DISCUSSÃO

Trata-se de caso de violência doméstica contra as crianças e a mãe, com presença de consumo excessivo de álcool. O casal está junto há bastante tempo, o que nos faz supor que tenham um relacionamento razoavelmente estável, que pode estar sendo perturbado pelo uso da bebida. Os pais apresentam pouca escolaridade, em especial a mãe, o que determina sua dependência financeira em relação às condições de sobrevivência que o pai oferece. A relação de poder entre o casal mantém a mãe sob submissão com a ameaça de impedir as crianças de irem com ela no caso de separação.

Os sintomas, xixi na cama e mau desempenho escolar, revelam que as crianças estão reagindo emocionalmente e já com comprometimento de comportamento. O mais importante é que essas condutas informam sobre seu sofrimento, significando um pedido de ajuda. A adolescente está desafiando a autoridade paterna ao manter um namoro que causa desconfiança na mãe sobre relações sexuais precoces. A mãe parece estar despotencializada e temerosa da reação do marido, e acaba por se igualar em falta de poder com os filhos, o que diminui sua função protetiva para com eles.

ABORDAGEM À FAMÍLIA NO CONTEXTO DO CONSELHO TUTELAR

Com relação à mãe, as ações do Conselho Tutelar devem abranger medidas de empoderamento econômico, suporte emocional para diminuir sua submissão ao marido e esclarecimento de seus direitos à sua segurança, ou seja, o que a lei garante a ela de proteção. Com respeito aos filhos, sugestão de medida de proteção, orientação biopsicossocial para a adolescente, potencialização de uma rede familiar de apoio para a família. Quanto ao pai, encaminhamento para programa de atenção ao alcoolismo.

Para que o conselheiro tutelar possa realizar todas essas ações, é importante que ele tenha conhecimento acerca de suas atribuições previstas no art. 136 do Estatuto da Criança e do Adolescente (ECA), o que inclui aplicar as medidas previstas no art. 129 aos pais quando são violados os direitos de crianças e adolescentes. Uma das ações a ser realizadas pelos conselheiros é o encaminhamento da família para programa oficial ou comunitário de proteção. Nesse caso, seria necessária articulação com o Centro de Referência em Assistência Social (Cras), para que a família fosse inscrita nos programas de Bolsa Família, Bolsa Escola e outros de geração de renda; além de procurar na comunidade projetos que trabalhem com capacitação profissional para incluir a mãe. Também seria indicado encaminhamento ao Centro de Referência Especializado de Assistência Social (Creas) para que fossem oferecidas ações de proteção e de atendimento psicossocial à mãe e às crianças.

Para isso, o conselheiro precisaria conhecer o Sistema Único de Assistência Social (Suas). Caberia ao profissional, ainda, oficiar instituições públicas ou privadas que prestem atendimento especializado a alcoolistas para atenderem o sr. Pedro, conforme previsto no inc. II do art. 29 do ECA. Seria útil para o conselheiro conhecer o Sistema Único de Saúde (SUS), a rede de atenção em saúde mental do seu município: Centros de Atenção Psicossocial a Usuários de Álcool e outras Drogas (Caps ad II), ações da atenção primária voltadas para a saúde e problemas

LIANA FORTUNATO COSTA, MARIA APARECIDA PENSO
E MARIA INÊS GANDOLFO CONCEIÇÃO (ORGS.)

com álcool e outras drogas, a cobertura da Estratégia de Saúde da Família no município, a equipe de referência para o local onde a família reside e até hospitais de referência para internação, caso necessário. Conhecendo a política de atenção primária, o conselheiro saberia que nesses casos a equipe de Estratégia de Saúde da Família deve fazer uma visita domiciliar à família, conforme previsto na política de atenção primária à saúde do Ministério da Saúde a ser cumprida pelos estados e municípios. Considerando que também foi relatada a ocorrência de violência contra Joana, mãe das crianças, cabe ao conselheiro orientá--la sobre a Lei nº 11.340/2006, também conhecida como Lei Maria da Penha, que prevê ações nos casos de violência contra a mulher e sua proteção.

Cabe ao conselheiro tutelar oficiar a escola para que esta encaminhe relatório sobre a situação escolar das crianças. No caso da adolescente, o conselheiro deve conduzi-la para o programa de atenção à adolescente existente em seu município e exigir que a mãe leve a filha à instituição. O conselheiro precisa conhecer a política para saúde de adolescentes e jovens do Ministério da Saúde e saber se o município está cumprindo as determinações nela previstas.

Por fim, o conselheiro não deve esquecer que entre suas atribuições previstas no art. 136 do ECA está a requisição de serviços públicos nas áreas de saúde, educação, serviço social, previdência, trabalho e segurança. Caso esses serviços não preencham suas determinações, o conselheiro deve representar à autoridade judiciária os casos de descumprimento injustificado de suas deliberações e também notificar essas instituições.

O conselheiro tutelar que atender essa família deve estar disposto a poder oferecer apoio à mãe que se encontra com seus recursos de tomada de decisões inibidos. A atitude dessa mãe pode facilmente induzir reações de raiva em quem a atende, por ela se mostrar carente, infantilizada e/ou imobilizada diante de um homem violento. Do mesmo modo, é importante uma visão do marido como um homem que está desenvolvendo, ou já desenvolveu, uma doença.

Chama-se a atenção para a necessidade de que essas situações possam ser discutidas com colegas do próprio Conselho, com o intuito de compartilhar os sentimentos pessoais dos conselheiros e também de questionar sobre a interpretação dos motivos das ações da família. É preciso evitar definições simplistas sobre fulano ser um bandido ou um coitado. Sabe-se que os conflitos são interdependentes e os membros da família se conectam igualmente no reforço dos problemas.

A fim de problematizar a reflexão sobre esse caso, são sugeridas outras questões: você se considera preparado para atender a ele, compreendê-lo e executar as ações previstas? Em seu município, você teria como cumprir as medidas sugeridas?

CASO 2 – ADOLESCENTE VÍTIMA DE ABUSO SEXUAL

Lindalvo (40 anos) e Maria (34 anos) vivem juntos na periferia de uma grande cidade e têm 11 filhos: um bebê de 3 meses; oito crianças com idades entre 1 ano e 14 anos; a filha mais velha, Janaína, com 15 anos; e o filho mais velho, José, de 17 anos, que mora com avó materna. O barraco no qual residem tem três cômodos: um ambiente que reúne sala, cozinha e banheiro; um quarto no qual dormem o casal, o bebê de 3 meses, a adolescente de 15 anos e mais uma das crianças em um beliche; e outro quarto no qual dormem sete crianças distribuídas em uma cama de casal e uma cama de solteiro. Os três filhos mais velhos não são do atual companheiro, Lindalvo. A mãe faz faxina esporádica e o pai vigia carros.

Maria fez uma denúncia ao Conselho Tutelar de abuso sexual por parte do padrasto contra Janaína. O órgão encaminhou a família para o Creas perto de sua residência. Janaína contou à avó materna sobre o abuso sexual, que exigiu da mãe providências.

Assim, Maria denunciou o abuso sexual e expulsou o companheiro do lar. Uma semana depois, Lindalvo retornou a casa.

Os atendimentos no Creas promoveram uma reorientação sobre a organização da casa, com o objetivo de limitar o espaço de convivência entre adultos e crianças; agilizaram um pedido da mãe por uma laqueadura de trompas; providenciaram a inclusão em programas sociais de transferência de renda. A equipe psicossocial do Creas incluiu a família em uma intervenção psicossocial para vítimas de abuso sexual.

DISCUSSÃO

Trata-se de família com um número grande de filhos sobrevivendo com renda bastante precária e incerta, bem como ocupando um exíguo espaço, o que não favorece a construção de limites entre os subsistemas conjugal, filial e fraternal. Junto ao casal dorme a adolescente, o que deve ter sido decisivo para a ocorrência do abuso sexual. Maria deve ter tido um filho, em média, a cada ano. Isso eleva sua dependência financeira de Lindalvo. Além disso, no momento, com um bebê de 3 meses e crianças com menos de 5 anos, deve estar bem difícil para ela retomar as faxinas.

Como figuras protetivas, podemos compreender que a avó materna mostra-se uma pessoa com autoridade sobre a filha (Maria), exigindo que seja a responsável pela denúncia do abuso sexual. No entanto, a dependência de Maria e relação a Lindalvo logo se restabelece, pois ela o aceita de volta na casa.

Esse caso apresenta várias ações do Conselho Tutelar tomadas com presteza e voltadas aos interesses de proteção da adolescente em vulnerabilidade. Uma primeira atitude foi o encaminhamento ao Creas, que iniciou um atendimento psicossocial voltado para vítimas de abuso sexual. Durante o atendimento, foi realizada uma visita domiciliar que comprovou uma situação de proximidade, entre adultos e crianças, na distribuição dos lugares para dormirem.

Esse verdadeiro "amontoamento" de pessoas se constitui em fator de risco para a adolescente e as outras crianças. Essa ação de orientação coube ao Serviço Social. A equipe de psicólogos que oferece a intervenção psicossocial construiu uma compreensão sistêmica da situação, interferindo também na condição financeira, sem o que seria impossível colocar em questão a dependência financeira da mãe. Se esse ponto não for enfocado, ela voltará a aceitá-lo em casa. O encaminhamento para atendimento médico ginecológico para a mãe se constituiu em uma ação imprescindível de atenção à saúde e de apoio a seu projeto de não ter mais filhos. As demais crianças da casa precisam ser olhadas com atenção individualizada, para se configurar melhor noção da vulnerabilidade de cada uma.

O profissional do Conselho Tutelar, para atender e encaminhar as demandas dessa família, precisa se conscientizar de que está lidando com uma família que provavelmente tem um funcionamento caótico, ou seja, em que muitos acontecimentos, problemas, conflitos relacionais se passam ao mesmo tempo. Isso quer dizer que esse profissional precisa considerar o tempo um fator importante na equação para a solução dos problemas. O tempo como é vivido pela maioria de nós, ou seja, resolve-se um problema e depois outro, não tem o mesmo significado para essa família. Para ela, o tempo é agora; não é fácil para eles aceitar que a tomada de decisão tem um processo e uma sequência lógica em seu desenvolvimento. O profissional deve incluir uma boa dose de paciência com o processo de mudança dessa família; do contrário, corre o risco de se desiludir muito rapidamente com as decisões contraditórias que a família possa tomar. Por exemplo, a mãe expulsa o marido e em seguida o acolhe em casa.

De forma semelhante ao primeiro caso discutido, também para que o conselheiro tutelar possa obter êxito ao realizar as ações, é importante que conheça bem suas atribuições previstas no art. 136 do ECA. O conselheiro atuou de forma eficaz ao encaminhar imediatamente a família ao Creas, que também cum-

LIANA FORTUNATO COSTA, MARIA APARECIDA PENSO
E MARIA INÊS GANDOLFO CONCEIÇÃO (ORGS.)

priu seu papel executando as ações que lhe competiam. Uma ação que também poderia ter sido realizada pelo conselheiro tutelar seria procurar na comunidade projetos que trabalhassem com capacitação profissional para incluir a mãe.

Conhecimentos sobre o Sistema Único de Assistência Social (Suas) e o Sistema Único de Saúde (SUS) também são indispensáveis. No caso de crianças menores de 12 anos, é muito importante que o conselheiro tutelar também conheça a Política Nacional de Saúde da Criança do Ministério da Saúde e suas principais diretrizes – entre elas, a Caderneta da Criança, o programa de aleitamento materno, a rede amamenta e o Pacto de redução da mortalidade materna e neonatal. Quanto às ações de saúde das crianças, cumprindo o inc. III do art. 136, o conselheiro tutelar deve requisitar ações da saúde, principalmente relacionadas à Atenção Primária da Saúde (Centro de Saúde, equipe de Estratégia de Saúde da Família do município), para que seja realizada a visita domiciliar, para saber se as crianças possuem a Caderneta da Criança, se tomaram todas as vacinas obrigatórias e se estão indo ou foram ao Centro de Saúde de sua região para realizar as consultas de crescimento e desenvolvimento previstas nas Diretrizes de Saúde da Criança do Ministério da Saúde. Considerando a existência também de adolescentes, o conselheiro precisa conhecer a política para saúde de adolescentes e jovens do Ministério da Saúde e saber se o município está cumprindo as determinações nela previstas. Em razão da quantidade de crianças em idade escolar, caberia ainda ao conselheiro tutelar oficiar a escola para que encaminhasse relatório sobre a situação escolar das crianças.

A fim de problematizar a reflexão sobre esse caso, são sugeridas outras questões: o caso parece suscitar uma ação conjunta de atores do Conselho Tutelar. Como você agiria para acionar esses atores? Como fariam a distribuição de tarefas? Somente por atribuição individual? Como poderia ser pensada uma rede institucional para esse caso?

ABORDAGEM À FAMÍLIA NO CONTEXTO DO CONSELHO TUTELAR

CASO 3 – MENINO COM HISTÓRICO DE NEGLIGÊNCIA E MAUS-TRATOS

A FAMÍLIA DE JOÃO (9 anos) residia em uma capital do Sul e mudou-se para o interior do Centro-Oeste, em busca de novas oportunidades de trabalho. Logo após essa mudança, os pais se separaram. João tinha, na ocasião, 6 anos. Suas duas irmãs mais novas (Carla e Manoela) foram morar com os avós no Nordeste, e João permaneceu morando com a mãe no interior. Seu pai desapareceu e nunca mais fez contato com os filhos. Três anos após a separação dos pais, João fugiu de casa e foi encontrado perambulando pelo centro da cidade, sendo, então, levado a uma instituição de acolhimento. Em uma conversa inicial nessa instituição, ele contou que fugiu porque estava apanhando muito da mãe, que bebia demais e estava sempre alcoolizada, não trabalhava nem cuidava dele. Relatou estar passando fome. Com base nessas informações, o Conselho Tutelar foi acionado.

DISCUSSÃO

Temos, aqui, um exemplo de família que rompeu seus laços afetivos após uma separação conjugal. Por alguma razão a que não tivemos acesso, a separação conjugal desencadeou a negligência parental. O rompimento do vínculo entre marido e mulher determinou uma dificuldade no exercício do papel de pai e de mãe, o que é muito comum. Nesse caso, porém, temos uma situação extrema na qual as filhas meninas foram entregues à geração dos avós para cuidar, e a mãe não conseguiu manter seu papel parental diante das necessidades de João. Nesse momento, a mãe e o filho ficaram igualados na necessidade de ser cuidados, o que faz que ele busque ser atendido. É provável que a mãe estivesse deprimida quando iniciou um processo mais acelerado de beber.

É importante que o Conselho Tutelar recupere o contato com esses avós que aceitaram ficar com as netas, pois se trata de pessoas com disponibilidade para oferecer proteção. Esses avós são fundamentais para o resgate da rede de proteção da criança. João

LIANA FORTUNATO COSTA, MARIA APARECIDA PENSO
E MARIA INÊS GANDOLFO CONCEIÇÃO (ORGS.)

perdeu muito com a saída das irmãs para o Nordeste. Ele perdeu seu sistema fraternal. Sabe-se que, nas situações de separação conjugal, o sistema fraternal é responsável por um apoio afetivo imediato e muito próximo das crianças, que sofrem com o conflito entre o pai e a mãe. Sua iniciativa de ir para a rua em busca de socorro revela um menino que está em posição invertida com a mãe no que diz respeito à autoridade na família, porque é ele quem acaba por pedir ajuda à mãe, denunciando seu alcoolismo. Novamente, nesse caso, é importante considerar quais sentimentos são vividos pelo conselheiro tutelar quando em contato com a situação. O caso tem sua deflagração com uma criança de 9 anos sozinha na rua expondo-se a perigos. Isso pode fazer que sentimentos de raiva em relação à mãe venham a ser experimentados. Porém, é necessário atentar para a doença dela, o alcoolismo. A inversão da posição de autoridade, já mencionada, entre mãe e filho, pode chocar, pois temos a expectativa de que crianças não devem cuidar de adultos, e sim ser cuidadas. A atitude de João mostra uma busca por resolução de sua condição de abandono, revelando ainda traços de resiliência, ou seja, uma força interior que o faz buscar os recursos que seu ambiente possa oferecer.

João foi encaminhado para uma instituição de acolhimento. Uma ação importante seria a reaproximação de João com sua mãe, durante o período do acolhimento institucional, conforme previsto no Plano Nacional de Promoção, Proteção e Defesa do Direito de Crianças e Adolescentes à Convivência Familiar e Comunitária. Segundo esse Plano, essa ação precisa ser desenvolvida pela equipe psicossocial das instituições de acolhimento. A mãe de João necessita de assistência médico-psicológica, talvez uma desintoxicação. Com base nessa premissa, valoriza-se esse reencontro como a possibilidade de João restabelecer seus vínculos afetivos e de vir a se reaproximar das irmãs e da família de origem. A ameaça de ruptura dos laços familiares está presente nesse caso, e os profissionais do Conselho Tutelar precisam estar atentos para não colaborar com essa possibilidade.

Esse caso tem a especificidade de tratar de um adolescente que foi apreendido e encaminhado a uma instituição de acolhimento. Portanto, o conselheiro tutelar precisa conhecer muito bem o Plano Nacional de Promoção, Proteção e Defesa do Direito de Crianças e Adolescentes à Convivência Familiar e Comunitária e também as alterações na redação do Estatuto da Criança e do Adolescente, promovidas pela Lei nº 12.010/2009. O conselheiro tutelar precisa saber se o seu estado elaborou seu próprio Plano.

O conselheiro tutelar deverá ter em mente o inc. III, do art. 19 do ECA, que orienta sobre a necessidade de preservar o direito à convivência familiar e comunitária de crianças e adolescentes, e sobre a manutenção ou reintegração da criança ou do adolescente à sua família ter preferência em relação a qualquer outra providência. Apenas quando esgotadas as possibilidades de permanência da criança ou do adolescente na família natural é que o Conselho Tutelar poderá representar ao Ministério Público para que este promova as medidas de afastamento da criança/ adolescente do convívio familiar.

O conselheiro também deverá saber que, ainda de acordo com a Lei nº 12.010/2009, o acolhimento pode ser feito por ele ou pela instituição de acolhimento em caráter excepcional e provisório, desde que a comunicação ao Juiz da Infância e da Juventude seja feita em 24 horas, sob a pena de responsabilidade. O juiz, recebendo a comunicação, vai ouvir o Ministério Público para tomar as medidas necessárias visando promover a imediata reintegração familiar da criança/adolescente ou, não sendo isso possível, providenciar para que seja deflagrado procedimento contencioso de acolhimento institucional da criança ou do adolescente, em que será requerida a manutenção do acolhimento. Nesse caso, é indispensável o conhecimento sobre a política de saúde mental do Ministério da Saúde que prevê a implantação de uma rede de atenção em saúde mental em cada município, na qual tem espaço privilegiado a criação dos Centros de Atenção

Psicossocial a Usuários de Álcool e outras Drogas (Caps ad II). No caso, a mãe deve ser chamada ao Conselho Tutelar para uma conversa e encaminhada a um desses serviços. Imprescindível também que o Cras seja acionado para incluir essa mãe em programas de geração de renda, para que, paralelamente a seu tratamento no Caps ad II, ela possa adquirir competências que lhe garantam o seu sustento e de seus filhos. Finalmente, é importante reafirmar que está previsto no ECA, art. 136, inc. III, que o conselheiro tutelar deverá sempre promover a execução de suas decisões, podendo requisitar serviços públicos nas áreas de saúde, educação, serviço social, previdência, trabalho e segurança; e representar à autoridade judiciária nos casos de descumprimento injustificado de suas deliberações.

A fim de problematizar a reflexão sobre esse caso, são sugeridas outras questões: o que fazer em relação ao pai de João? Esse caso deve ou não ficar restrito aos recursos do município? Como considerar outros caminhos para atendimento às necessidades de João?

Os autores

ALCIANE BARBOSA MACEDO PEREIRA – Psicóloga do Centro de Atendimento e Estudos Psicológicos da Universidade de Brasília (UnB). E-mail: alcianebarbosa@gmail.com.

ANDERSON PEREIRA DE ANDRADE – Promotor de Justiça Cível e de Defesa dos Direitos Individuais Difusos e Coletivos da Infância e da Juventude no Distrito Federal (MPDFT). E-mail: anderson@mpdft.gov.br.

CARMEM LEONTINA OJEDA OCAMPO Moré – Psicóloga, professora do programa de pós-graduação em Psicologia do Departamento de Psicologia da Universidade Federal de Santa Catarina (UFSC). E-mail: carmenloom@gmail.com.

CENEIDE MARIA DE OLIVEIRA Cerveny – Psicóloga, professora do programa de estudos de pós-graduação em Psicologia Clínica da Pontifícia Universidade Católica de São Paulo (PUC-SP). E-mail: ceneidecerveny@gmail.com.

JÉSSICA HELENA VAZ MALAQUIAS – Psicóloga, professora da Escola de Conselho Tutelar – Centro de Estudos Avançados de Governo e Administração Pública/Ceag da Universidade de Brasília (UnB). E-mail: jessicamalaquiasunb@gmail.com.

LIANA FORTUNATO COSTA – Psicóloga, professora do programa de pós-graduação em Psicologia Clínica e Cultura da Universidade de Brasília (UnB). E-mail: lianaf@terra.com.br.

LIANA FORTUNATO COSTA, MARIA APARECIDA PENSO
E MARIA INÊS GANDOLFO CONCEIÇÃO (ORGS.)

MARIA APARECIDA PENSO – Psicóloga, professora do programa de pós-graduação em Psicologia da Universidade Católica de Brasília (UCB). E-mail: mariaaparecidapenso@gmail.com.

MARIA INÊS GANDOLFO CONCEIÇÃO – Psicóloga, professora do programa de pós-graduação em Psicologia Clínica e Cultura da Universidade de Brasília (UnB). E-mail: inesgandolfo@gmail.com.

MARIANA LUGLI – PSICÓLOGA, atua em clínica particular. E-mail: marianalugli@luglifibras.com.br.

MARLENE MAGNABOSCO MARRA – Psicóloga, diretora do Instituto de Pesquisa e Intervenção Psicossocial (Interpsi). E-mail: mmarra@terra.com.br.

PEDRO OTO DE QUADROS – Promotor de Justiça Cível e de Defesa dos Direitos Individuais Difusos e Coletivos da Infância e da Juventude no Distrito Federal (MPDFT). E-mail: oto@mpdft.mp.br.

ROSA MARIA STEFANINI MACEDO – Psicóloga, professora do programa de estudos de pós-graduação em Psicologia Clínica da Pontifícia Universidade Católica de São Paulo (PUC-SP). E-mail: romacedo@pucsp.br.

SHEILA REGINA CAMARGO MARTINS – Psicóloga, professora do Departamento de Psicologia da Universidade Estadual de Maringá (UEM). E-mail: srcmartins@uem.br.

SONIA MARIA OLIVEIRA – Psicóloga, atua em clínica particular. E-mail: somaoliveira@uol.com.br.

www.gruposummus.com.br

IMPRESSO NA
sumago gráfica editorial ltda
rua itauna, 789 vila maria
02111-031 são paulo sp
tel e fax 11 **2955 5636**
sumago@sumago.com.br